日本の近代史
他山の石

布施隆一
Fuse Ryuichi

郁朋社

まえがき

私は昭和13年、日中戦争が始まって間もない頃に生まれたので、戦争のことは体験で知っている。

叔父はフィリピンで戦死し、それを知った祖母は泣いていた。

国民学校の授業中、米軍の飛行機が飛んでくると、防空頭巾をかぶり桜の木の下に隠れたこともあった。

戦後の食糧難の時、父は保存食としてジャガイモを小屋に沢山積んでいたのも記憶にある。

でもそれは戦争のごく一部のことで、歴史としての戦争を知ったことにはならない。

私は若い時から歴史好きで、日本の古代から江戸時代までは人並み以上に知っているつもりだが、明治維新以降の近代史は学校でも教わらなかったし空白であった。

そこで一大奮起して調査しまとめたのがこの本である。

書いた理由はいろいろあるが、その第一は、明治維新から昭和の敗戦を経て日本が独立国になるまでの歴史を分かりやすい通史にすることである。

第二の理由は、勝てるはずのない太平洋戦争をなぜやったかということだ。太平洋戦争はおろかな戦争だった。人馬を徴集するには、馬1匹100円要るが、人は赤紙一枚でよい。つまり無料。若者は赤紙で招集され、訳もなくぶんなぐられ戦場に送られる。食料は十分与えられず死んでいく。こんなバカなことがふつうにまかり通った。

将棋を例に取ると、日本は、満州事変の頃には対局相手のアメリカと中国にかなり不利な形勢にあった。それを挽回しようと必死に考えた指し手が次々に悪手となり、戦争に突入し惨敗したという次第だ。

戦争を始めたのは仕方がないとするなら、その時その時に軍中央や各地の司令官が適切に処理すればよいのに、それが出来なかった。

第三の理由は、明治以降我々に身近な国民の教育や軍人教育が、戦争に相当貢献していると思ったからである。

昭和の戦争の要因の一つは、国民の一般的な教養水準が低かったことにある。当時の人たちがもっと高い教養を持っていれば、戦前・戦時の不道理があれほど社会に横行することはなかった。国民の2、3パーセントでも教養ある人がいれば戦争は起きなかったと思う。

近代史の全体を把握するには、国民の生活、社会、文化、世界の動きなどは必須の事項だと思うが、高齢な身には調べる余力が残っていない。どうしても政治と戦争が中心にならざるを得なかった。

近代史の研究は、多くの先生方が著書を出されており、単なる歴史好きの技術者が本を書くなどおこがましい感じもするが、理系の見方でまとめ上げたものがこの本である。

日本はサンフランシスコ講和条約が発効して独立国になり、既に70年経った。

この本が、「こんな時代もあったね」とか「なかなか面白い、勉強になった」などと思っていただければ嬉しい限りだ。

日本の近代史　他山の石／目次

日本の近代史　他山の石

第1章　明治大正の日本

明治時代

廃藩置県から富国強兵路線へ

明治維新後、当時の為政者たちは日本の近代化をどうすべきかを真剣に考えた。そして最初に取り組んだのは、日本が統一国家になるために不可欠な廃藩置県だった。

これに先立ち新政府は、封土、人民を朝廷に返上させたが（版籍奉還）、実際は書類上のことで、藩主は知藩事《ちはんじ》という名前で昔通り旧領土と領民を支配していた。これでは封建時代と変わらない。

明治4年、西郷隆盛らは、御親兵を中央に置き、名実共に土地と人民を取り上げる廃藩置県を断行した。

当時廃藩置県は識者の通論であったが、諸藩主は先祖代々の財産、領土まで献上させられるのだ。実行には相当な困難が予想された。

明治から昭和のジャーナリストで歴史家の徳富蘇峰《とくとみそほう》は、廃藩置県を言い出したのは木戸だが、だれも手をつけたがらない難事を実行した西郷は最高の殊勲者と激賞した。

明治4年から6年にかけ岩倉具視を大使とし木戸孝允、大久保利通、伊藤博文らの使節団は、幕末に結んだ不平等条約改正のため海外に出かけた。だが欧米列強は、日本は未熟な国だとして相手にしなかった。

使節団は何にもまして国を強くしなければと思い知らされた。

改正には至らなかったが、彼らは欧米各国をまわり文明見学した。学校や工場を視察し、先進的な政治制度や文化を知って、皆ひどく驚くばかりであった。一日も早く西洋化しなければ国は立ち行かないと痛感した。

そこで日本は、「富国強兵」と「殖産興業」（産業の育成）を国是として取り組むことになった。

日本の帝国主義

明治維新の基礎がようやく固まり隣国を見渡すと、ビルマはイギリスに、インドシナはオランダに、ベトナム・ラオス・カンボジアはフランスに、満蒙はロシアに押さえられていた。中国では、本土にとり重要な香港、上海、威海衛《いかいえい》はイギリスに、山東半島の青島はドイツに租借（他国の領土内の地域を借りて、一定期間統治すること）を強制され、実に悲惨な状況にあった。

租界の入口には、「犬とシナ人立ち入るべからず」と書かれていた。これ以上の国辱はあるだろうか。

日本が目指した欧米の文明国の仲間入りすることは、欧米の帝国主義（他国を侵略して植民地獲得や保護国家とすること）の後追いをすることを意味した。

独立自尊の方法として、日本の帝国主義は近代化のために避けて通れない選択だった。

だが遅れて植民地獲得競争に参加した日本の対象は、中国大陸しか残っていなかった。中国には、広大な土地、4億人の人口、豊富な資源、それに2千年の歴史文化がある。当時の日本には、列強の間隙を縫って中国に入り込むしかなかったのだ。

憲法制定と国会開設

明治維新は王政復古をスローガンとして達成されたので、天皇の権限はおそろしく強大なものとなった。軍事に関して言えば、天皇を大元帥とし、天皇が軍事一切を支配するという制度の確立は、明治15年の軍人勅諭の時からだ。

この勅諭の精神は、江戸時代後期頼山陽《らいさんよう》の『日本外史』にそっくりだ。頼山陽は、「政権は武家に移り、武家政権が確立した」と書いたが、今や「政権は武家から君主（天皇）へ移った」のだ。

軍人勅諭は、明治天皇が陸海軍軍人に下賜したもので、啓蒙思想家の西周《にしあまね》が起草し、山県有朋らが加筆修正した。

天皇は軍人に「政治へ関わるな」と戒められた。だが勅諭は帝国憲法に先行して天皇から与えられたので、陸海軍の一部には、政府や議会から自らの独立性を保証するものと位置づけるものもいた。


明治22年から23年にかけ、日本では憲法制定、初の衆議院選挙、帝国議会開設と続き、諸外国に対し恥ずかしくない近代国家の面目が保てるようになった。

まず東アジアで初めての近代的な大日本帝国憲法（帝国憲法）が発布された。伊藤博文は官僚3人と、神奈川県の三浦半島にある夏島にこもって草案を作った。

伊藤が練りに練った憲法の中身は、日本を天皇中心の強い君主国家とすることに主眼が置かれた。

・「日本は万世一系の天皇が統治する」
国家統一の根拠を天皇に求めた。立法、司法、行政、統帥などすべてを天皇が掌握する。

・「天皇は神聖にして犯すべからず」

責任は天皇を補佐する国務大臣が負い、天皇は法律上責任を負わなくてよい。

・「天皇は陸海軍を統帥する」

作戦、用兵に関する統帥権は政府も関わることは出来ない。

さらに軍隊は、天皇のもとにあるから「天皇の軍隊」「皇軍」と呼ばれた。

現代の憲法学者木村草太によれば、この憲法には歪《いびつ》な部分があるという。あらゆる権限が天皇にあるにもかかわらず、天皇が何かを決定することが想定されていない。最高決定するのは、時には政治家、時には軍部であったりする。

また憲法より軍事が先行していた。軍法規は明治の初めから動いており、軍法規の方が憲法より上位に立っていた。責任の所在が不明確で、軍が増大した時、「政治がよけいな口を出すな。我々の作戦に口を出すのは統帥権の干犯だ」と言い出す。

国会開設については、明治6年、征韓論で西郷と大久保が激突したことに源流がある。論争に敗れ、西郷と共に下野した江藤、板垣、副島、後藤の4人は、大久保の官僚専制政治を排すべく、国民世論を代表する民選議員設立の建白書を発表した。その流れをくむ板垣退助らの自由民権運動と政府は激しく対立した。

政府も世論に屈し、明治23年を期し国会開設を約束せざるを得なくなった。

明治23年11月、第1回帝国議会が開かれた。山県有朋首相は、主権線（国境）とともに利益線（朝鮮）のための軍事力増強の予算を主張し、結果的に認められた。

利益線とは、日本の領土を守るため国家の利益と関係する国境の外の地域をいう。利益線はその後、軍部の都合でいくらでも変えられた。その例、太平洋戦争の絶対国防圏。

日清戦争から日露戦争へ

明治27、28年、日本は朝鮮をめぐり清国と利害対立し武力衝突した。日清戦争である。当時の清国は未熟なところが多く、軍事力に勝る日本は勝利した。そして日本の国家予算の4倍にもなる賠償金を得た。更に遼東半島、台湾、澎湖《ほうこ》列島を清国に割譲させた。

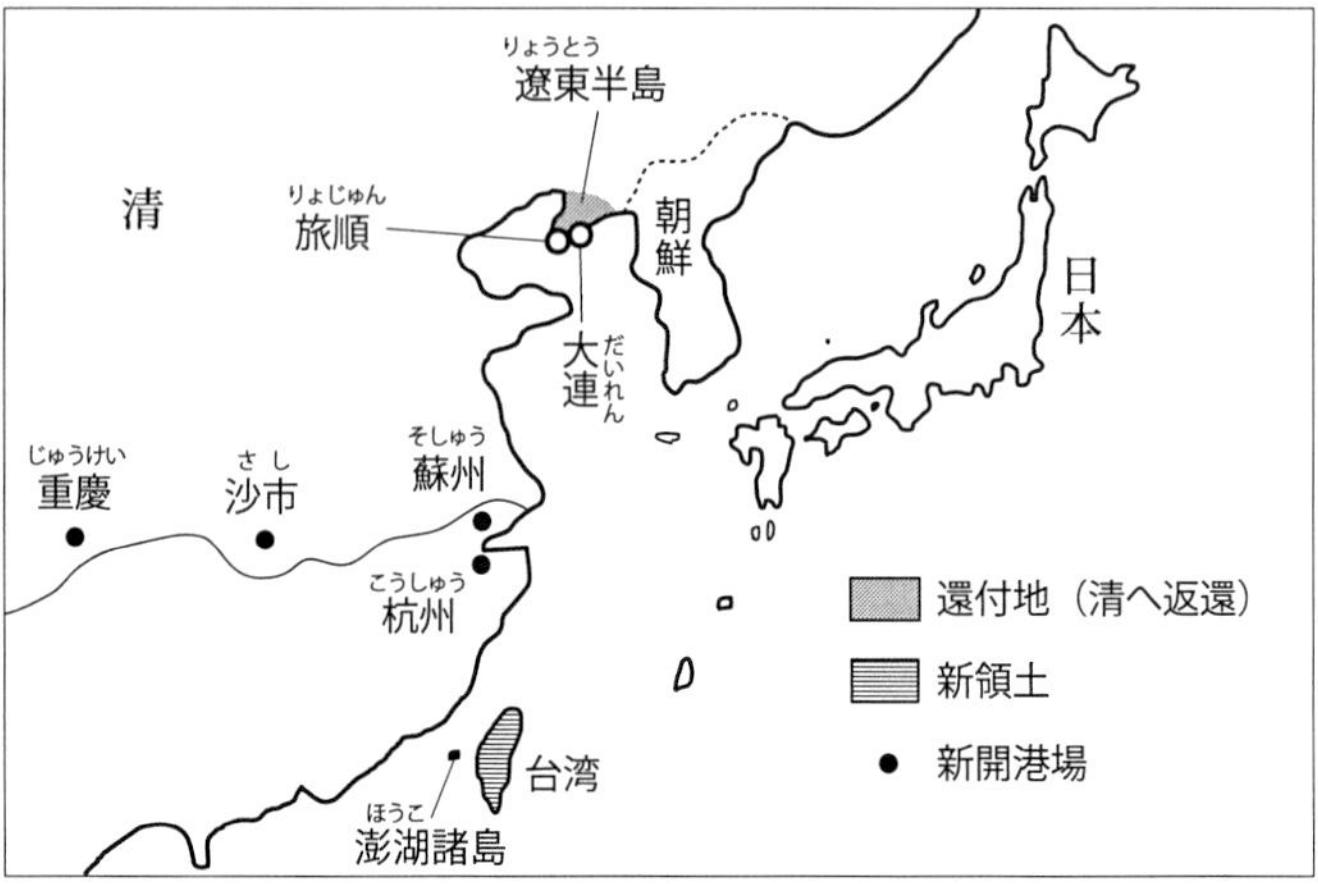

日清戦争で日本が獲得した場所
加藤陽子『それでも日本人は戦争を選んだ』（朝日出版社）を参考に作成

一方ドイツ、フランス、ロシアは、日本が新たな帝国主義国家として膨張するのを警戒して、日本は無理やり遼東半島を清国へ返還させられた（三国干渉）。

日本国民はいつかこの悔しさを晴らそうと「臥薪嘗胆」のスローガンが生まれたのである。

明治33年、山県首相による「軍部大臣現役武官制」が作られた。陸海軍大臣は現役の大将・中将に限るとし、政党人は除外された。大隈重信は軍人以外からも指名出来るようにしたいと反対したが山県は譲らない。山県は生粋の軍人政治家で、素人に何が分かるかというスタンスだった。この制度は陸海軍大臣の人事権は、軍部が握ることを意味した。

山県は、明治５年西郷のもとで陸軍少輔となり、事実上陸軍トップとして近代軍政の基礎を築いた。だが山県が考えた軍人勅諭の統帥権独立や軍部大臣現役武官制は、昭和の戦争の大きな要因になったことを知るべきだ。

山県には、昭和の戦争の責任の一端がある。

日清戦争から10年、日本は、ロシアが満州から朝鮮半島へ南下するのを恐れた。だが外交交渉では折り合いが付かず、明治37年２月交渉を打ち切り、日本軍の旅順攻撃より日露戦争が始まった。

日本とロシアは軍事力に大きな差があった。ロシアの兵士の数は日本の２倍以上、軍艦や兵器の差も歴然だった。だが小国日本は大国ロシアに挑んだ。

旅順戦の要となる二百三高地は熾烈な戦いとなったが、何とか勝つことが出来た。港を見下ろせる二百三高地からロシア艦隊への総攻撃は成功し、旅順を占領した。この間死者は１万５千人余り、負傷者４万４千人。

その後日本軍は、奉天でロシア軍を退却に追い込み辛勝した。

戦いは陸戦から日本海海戦に移る。日露戦争開始から1年経ち、ついにロシアは最強のバルチック艦隊を投入した。日本は五島列島の北西でロシア艦隊を発見し迎え撃った。連合艦隊司令長官の東郷平八郎は、奇跡の作戦と呼ばれる東郷ターン方式で戦った。敵の進行方向を横切る形で次々に砲撃を加えるやり方だ。

砲撃開始後間もなく、ロシアは主力艦を撃沈され、ロシア艦隊は壊滅状態となった。日本の圧勝だった。

明治38年5月、日露戦争は日本の勝利で終わった。

日本海海戦を制した東郷司令官とその幕下、満州の広野でロシア軍を敗退させた大山巌司令官、児玉参謀をはじめ乃木、黒木、秋山(兄)、川村、野津らは当時の児童新聞にも掲げられた。

日清・日露の両戦ともに陸海軍統率の軍人は、幕末維新の矢玉をくぐった武士道の権化のような人物だった。無責任な昭和の軍人とは別人のようだ。

日本の知識階級の多くは「日本の侵略戦争は、日清・日露両戦争に始まる」と言うが、両戦争は断じて侵略戦争ではなく自衛のための戦争だった。

日本の侵略が始まったのは、明治43年の日韓併合からである。

日露戦争で勝利した日本は、ロシアが清国から租借していた遼東半島南端の旅順・大連を中心とした関東州と長春・旅順間の鉄道及び鉄道付属の租借権を得た。さらに樺太南半分も譲り受けた。

関東州遼陽に関東都督府が出来、ロシアが使っていた鉄道をもとに半官半民の南満州鉄道(満鉄)が設置された。

日本は日露戦争に勝ったといっても賠償金も取れず、国民の税金は半端でなく国は疲弊していた。

当時の実態を知っていた政治家や軍人は、ここで謙虚にならなければならなかった。まさに平家物語にあるように、「栄える者はいずれ必ず滅びる。驕るべからず」なのだ。

軍は無理すれば通ると錯覚したのか、国力を無視した軍備拡大予算を要求するようになった。

この頃から日本は勝ち戦さに驕って加速度的に腐敗堕落して、危険な軍国主義への道を歩み始める。日本が本格的に大陸進出を企てるのは、日露戦争後からである。

明治時代の総括

明治10年から11年にかけ明治維新の英雄、西郷、大久保、木戸は相次いで世を去った。だが3人が去ってもその後何ら差しつかえなく、彼らが何年もかかって構想したことは、後継者らによって明治時代にほとんど成し遂げられた。

西郷は、封建制を一掃して日本を統一国家とし、天皇のもとで万民平等の市民社会へ導いた最大の功労者だ。これによって日本は、世界歴史の本流に立派に乗れた。西郷の思い描いた雄藩政治（話合いによる政治）は実行されなかったが、板垣退助らの自由民権運動に発展し、さらに伊藤博文の帝国憲法へと繋がった。

西郷の大きな関心は、日本と大陸との関係だった。西郷はあの世で、日本が日清・日露の戦争に勝ったのを知って、「よくやった」とにこにこしているかも知れない。

大久保は、明治政府の基礎を固め、富国強兵を第一にして学校、兵備、鉄道、電話などの設備を積極的に進めた。ヨーロッパの資本主義に対抗するため多くの官営工場を作り、軍需産業、輸出産業を育てた。またフランス式の内務省を作り、警察国家として統制し易い国にした。

木戸は、明治政府の揺籃期に五箇条の御誓文を作り、版籍奉還を実行した。また安政の不平等条約改正を真っ先に持ち出している。木戸は立憲主義的な国家構想を持っていた。すなわち市町村会より府県会、そして帝国議会へと国民が政治に参加する体制のひな型を作った。教育や文化面でも貢献するところが大きかった。木戸は理念的な政治家だった。

明治天皇は、井上毅（帝国憲法、皇室典範起草の1人）によれば真に理想的な立憲君主であった。天皇の天職以外には何の欲望も嗜好もなく、多くの人の意見を採択された。国家の大事に当たり熟慮して裁可したことは、いかなる困難にも動じなかった。

明治時代は、日本歴史の最高峰と言っても過言ではあるまい。明治天皇在位中に、日本の人口は2倍に達し、その領土も台湾、樺太、朝鮮その他を併せ2倍近くになった。高々50万人の士族だけが政治に参加していたのに、一君万民のもとに国民すべてが参加する資格を与えられた。明治時代は元気で諸事盛んな世で、上り坂の時代だった。

日本国民は明治天皇の治める世で、貧しくはあったが、比較的幸福な時代を過せたのではないかと思う。天皇が大病を患われた時、多くの市民や大官が二重橋前に跪いて回復を祈ったという。

大正時代

第1次大戦

大正3年、欧州で第1次大戦が勃発した。日本は同盟国イギリスに促されドイツに宣戦布告した。大隈首相は領土拡大のチャンスととらえ、戦争に踏み切ったのだ。日本はドイツ領の山東半島青島や南洋諸島を攻撃してここを占領した。

第1次大戦は、世界全体で戦死者1千万人、戦傷者2千万人を超す大きな犠牲者が出た国家総力戦だった。

あまりにも犠牲が大きい戦争だったので、戦争が二度と起こらないような仕組みを作ろうということで、大正9年、国際連盟が設立された。

戦争の影響の二つ目は、帝国主義時代に当たり前だった植民地獲得競争が、大戦の原因の一つになったとの深い反省である。これまで国家の名前でなされてきた植民地獲得や保護国化は、世界から承認されないようになった。

この戦争で日本は戦勝国側に入り、赤道以北の旧ドイツ領の南洋諸島などを獲得したが、それは国際連盟が委任統治権を日本に与えるというものだった。

日本はこの戦争から何を学んだか。

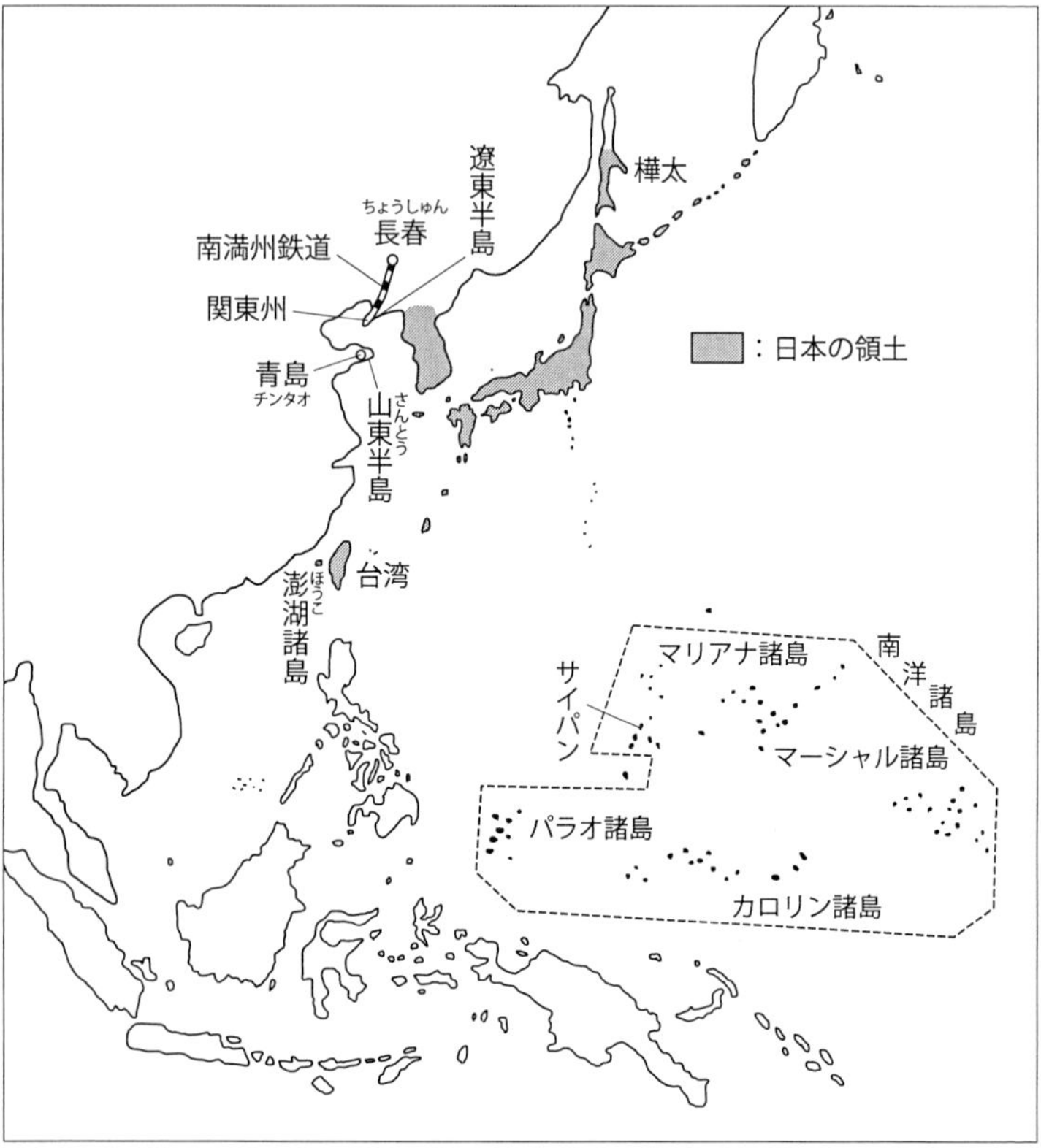

第 1 次世界大戦後の日本の領土

1905 年に樺太《からふと》の南半分（北緯 50 度以南）、1910 年に韓国を併合。
第 1 次世界大戦では山東半島の経済的利権と南洋諸島を獲得した。
加藤陽子『それでも日本人は戦争を選んだ』（朝日出版社）を参考に作成

日本は欧州戦争に出向くことはなく、したがって近代戦の何たるかを知ることはなかった。そのため日本陸軍は、昭和のノモンハン事件ではロシアの近代兵器に無様な負け方をすることになる。

さらに大事なことは、帝国主義を続ける限り戦争は避けることが出来ないということだ。それは、後年の満州事変や日中戦争ではっきりする。

対華21カ条

大正4年、世界大戦のため中国大陸における列強の力は手薄になった。大隈首相はここぞとばかりに、中国に対し「対華21カ条」を要求し無理やり押しつけてしまった。

その内容とは、

・青島だけでなく山東省のドイツ権益継承
・旅順・大連及び満州の租借期限延長
・鉄鉱山の共同経営

・中国沿岸の港湾や島を日本以外に譲渡や貸与禁止
・中国全土に日本人警察官を配備し、中国軍の指導権を日本に与える

これらはまさに領土を拡大し資源獲得して、自国を発展させようとするヨーロッパの帝国主義の猿まねなのだ。（最後の項目だけ米国の強硬な反対で削除されたが）。

当時の世界では考えられない要求を通したことが、どれほどの禍をもたらしたかを知るべきだ。日本は三つの敵を作った。

・中国国民の反発　要求を受け入れた日を「国恥記念日」とし日本を憎悪した。
・西洋諸国の警戒　ヨーロッパが戦争をやっている時、日本はアジアで好き勝手にやっているという不信感や猜疑心を招いた。
・アメリカの敵視　中国における利権を奪われてしまうので敵視するようになった。日本対アメリカ・中国となり、昭和の戦争の構図になってしまった。

対華21カ条の要求は、近代日本外交の最大の失敗と言われる。

やがて日貨排斥、排日暴動は、中国各地に広がり、日本は満州事変から日中戦争の泥沼に入っていくのだ。

日本は大隈内閣からおかしくなった。大隈は維新時代を生き抜いてきた人で人気はあったが、もう少し柔軟な姿勢が欲しかった。13年も政権の中枢から離れており、政治家としての対応力は衰えていたと断じざるを得ない。

満蒙領有論

列強の植民地支配を見てきた日本は、満蒙（「蒙」は南満州と地続きの内蒙古東部）を侵略することが国益に適うと考えるようになった。

明治時代の末期に、川島浪速《なにわ》や陸軍の一部は、満蒙独立運動を始めた。

大正5年には、川島らは2回目の独立運動を展開したが、関東州の陸軍だけでなく、陸軍中央も関与したことに驚く。満州事変が突如起きたものではないのだ。

この頃は青少年にも大陸雄飛の夢があった。それは古関裕而作曲の『馬賊の歌』を見れば分かる。「俺も行くから君も行け。狭い日本にゃ住み飽いた。海の彼方にゃ支那がある。支那にゃ4億の民が待つ」。

大正8年、関東都督府は政治と軍事が分けられ、軍事では天皇直属の「関東軍」が誕生した。関東軍は、日本の大陸政策を推進するにあたり重要な役割を果たすことになる。

大正10年、第1次大戦の戦勝国がワシントンに集まり、太平洋や極東地域の権益や海軍の軍縮について話し合うワシントン会議が開かれた。そして中国の権益に関する9カ国条約が締結された。これにより日本は、青島の権益を返還し、その代わり旅順・大連・満鉄などの権益が保障された。日本は後者を選択したのだ。

日本は、遼東半島、特に旅順・大連にこだわった。遼東半島は、日本が日清戦争で清国から取ったものの、三国干渉で返還させられた。それをロシアが租借したが、日露戦争後ロシアは逆に日本へ譲渡した。

そしてワシントン会議で日本がその権益を保障されたという次第である。遼島半島は、それほど日本の大陸政策にとり大事な所だった。中国へ返すのは、太平洋戦争終了後のことだ。

世界の大勢

第1次大戦後、日本は立ち止まって周囲を、つまり世界の大勢を冷静に検討すべきだった。だが日本の指導者は世界史的認識を欠き、自らの立ち位置を顧みることはしなかった。

大正6年、ロシアでは皇帝ニコライ2世の専制政治は、長引く戦争で国民の支持を失い、軍隊に大きな反乱が起きた。ニコライ2世は捕らえられロマノフ王朝は倒れた。大正7年、ドイツでは皇帝ウィルヘルム2世が、キール軍港の水兵反乱に端を発した大衆蜂起により廃位させられて亡命した。

世界の立憲君主国は崩壊したのに、日本は天皇制が日本の国体だとして太平洋戦終了まで存続した。

帝国主義は、第1次大戦の初めの頃まで全盛だったが、大戦終結と共に新たな領土獲得はしない時代に入っていた。それなのに日本は性懲りもなく領土獲得に意欲を燃やした。大正7年、日本は第1次大戦の連合国の一員として、ロシア革命軍に囚われたチェコ軍を救出する目的でシベリアに出兵した。極東ロシア領は、一時日本の制圧下に置かれたが、日本軍は他国がとっくに撤兵しているのに唯一居残った。日本は領土を拡げ、あわよくば植民地にしたかったのだ。だが日本軍は4年も駐留して何も得られなかったという。昭和の満州事変や日中戦争も、帝国主義そのものだった。

大正デモクラシー

大正時代は、大正デモクラシーという政治、社会、教育の各方面で自由主義的な運動が起きた。明治の世は緊張続きだったので一休みし、自由にものが言えるようになったとも言えよう。

文学、演劇、映画、新しい芸術などで大正ロマンの華が咲いた。モダンガールなども現れた。

教育界では、教養主義（人格主義）が盛んになり、学生は倉田百三の『愛と認識との出発』、阿部次郎の『三太郎の日記』などドイツ哲学や文学に傾倒していった。

だが軍部はこうした動きを警戒した。国民に自由な発想が生まれれば、天皇制国家体制に批判的な人が増えることを恐れたのだ。そこで大正14年、治安維持法を成立させ、学問・思想・教育のあり方を根本から規制することとなった。

せっかく芽生えた自由で民主的な流れも、大きな潮流とは成り得ず、消滅していくのである。

第2章　満州事変から二・二六事件

戦前の日本

昭和初年より10数年間は、作家司馬遼太郎が指摘したように日本歴史の中でも特異な時代と言える。日本は世界的不況の波をもろにかぶり、テロが続発した。日本の軍隊は、明治大正時代を通し立派な軍隊だったが、軍の統制が取れなくなってしまった。一体何があったのか。

統帥権の独立

昭和の戦争の大きな原因にもなった統帥権について考察する。

明治10年、西郷隆盛は西南戦争を引き起こし城山で自刃するが、この時政府軍の総司令官が山県有朋だった。山県はこの戦いで教訓を得た。「政治の指導者と軍事の指導者は分けておくことが国家の安全」と考えた。

統帥権は、明治11年、山県の発案で制定された参謀本部条例に源流がある。統帥権は、軍を統率・指揮する最高の権能で、陸軍の軍事に限ると参謀本部長が参画し、天皇の親裁を受けるとされた。

山県はこの年、陸軍省より参謀本部を分離した。自ら参謀本部長となり政府と軍を切り離した。

統帥権の独立は、明治15年の軍人勅諭に反映された。

明治の帝国憲法下では、天皇が陸軍参謀総長、海軍軍令部総長の補佐のもとに行使し、政治の介入は許さないことになった。

統帥権の本来の趣旨は、軍の政治的中立性を確保するもので、軍による政治介入を意図して作られたものではない。だが陸軍は昭和2年、「統帥綱領」を参謀総長・陸軍大臣の名で発行し、限られたものだけが厳重な規制下で閲覧可能となった。その内容は、「あらゆるもの（明治の帝国憲法も含む）に優先して、戦争とそのための戦争指導を行う」というものだった。

軍の力の源泉となる統帥権を、司馬遼太郎は「魔法の杖」と呼んだ。司馬は統帥権を、立法、司法、行政の上に立つ超越的権力と見た。陸軍の参謀本部の将校たちが、この統帥権を振りかざして暴走し、日本をあらぬ方向へ持って行ってしまったというのだ。

統帥権独立の実例を挙げよう。昭和14年に起きたノモンハン事件は、満州とモンゴルとの国境付近で関東軍とソ連軍が死闘を演じ関東軍が惨敗した事件だ。この戦いに政府はほとんど関知せず、もっぱらドイツとの同盟戦略に明け暮れた。戦争は軍、外交は政府という役割がはっきりしていた。

国家の大事に政府が関知しないというのは何かおかしい。統帥権には弱点があったと言わざるを得ない。

統帥権干犯《かんぱん》のロジックを最初に考えだしたのは思想家北一輝であるが、軍だけでなく政府・政党・財閥も利用した。

昭和5年浜口首相は、軍艦を制限するロンドン軍縮条約を海軍の了解なしに締結したのは「統帥権を干犯する」として、加藤寛治軍令部長らに攻撃された。「統帥権」の考えは軍にはあったが民間で初めて使ったのは政友会の鳩山一郎である。政友会と民政党の争いの中で鳩山は、「海軍の意向を無視した条約承認は統帥権干犯」と主張し、敵視する民政党を攻めた。

鳩山は戦後、首相になり日ソ国交回復を実現したほどの人物だが罪深い政治家だ。

浜口は軍縮条約に反感をもつ愛国社社員に東京駅で狙撃された。一命は取りとめたものの、病気療養中の身で国会に呼ばれそのため翌年亡くなった。誠実な一国の首相が、病身でありながら国会に登壇させられることなどまともな世の中ではなかった。

当時の国会では、議員同士や議員と補佐官の乱闘事件が何度も起き、流血事件もあったという。

満州事変

昭和初期の動向

田中義一首相は、歴史をあらぬ方向へ引っ張ってゆくきっかけを作った人だ。

田中は陸軍大臣を務めた大正中期から満蒙領有を心に秘めていた。それが表舞台に出てくるのは、昭和2年、首相として外務省や軍の幹部を集め東方会議を開いた時だ。東方とは中国の東部、つまり満蒙をどうするかということ。

決まったのは、「満蒙における日本の権益確保のため、武力行使を含む積極行動をとる」ということだった。この頃の日本では、時代遅れの感じがする帝国主義的な政策が当たり前に論じられるようになっていた。

昭和4年、陸軍の改革派将校、永田鉄山、東條英機、板垣征四郎、石原莞爾《かんじ》、山下奉文らは、「満蒙を中国から切り離し独立させる。それを自分たち改革派が中心となってやる」と表明した。

日本が満蒙に進出したい理由は次の通りである。

- ロシアは日露戦争の敗北から何時か仕返しにやって来る。満蒙をロシアに対する最前線とする。
- 日本は資源の9割を海外に依存する。満蒙は石炭、鉄、木材、大豆など資源豊かな所だ。その資源を開発し日本のものとする。
- 日本は昭和2年から4年にかけ大変な不景気で、国民は生活に困窮した。特に東北地方では、娘の身売りや欠食児童が出たほどだ。満蒙は未開のフロンティア、内地で挫折した人や困窮者のはけ口になる。

昭和6年になると、軍縮と不況により国力が随分衰退した。右翼や官僚、軍には、国家を建て直さねばという革新熱が強まった。

満州事変と石原莞爾

昭和の戦争の始まりは満州事変である。

満州事変を創り出したのは、関東軍参謀板垣征四郎、石原莞爾、それに本庄関東軍司令官である。特に石原は、ほとんどの戦略プログラムを作り、作戦を指導した。

石原は昭和2年には、「満蒙問題解決は日本が活きる唯一の道」と考えていた。「国内はほとんど行き詰まり、人口、食糧、その他重要な諸問題について、解決の方法がないように見える日本は、満蒙を領有しそこに日本・中華・朝鮮の民族が暮らし、朝鮮や台湾と同様に総督制をしくことによって活路を見出す」という構想を持って関東軍司令部に参謀として着任した。

石原は天才的な戦略家であった。中国では、共産党軍と国民党軍が戦闘中で北京東北の地満州まで手は回らない、欧米は大恐慌対策でアジアの紛争に介入することはあるまいと見切った。このあたりの見極めが石原の凄いところだ。今がチャンスと見た石原は、中国に戦争を仕掛けた。

昭和6年（1931）9月、奉天に近い柳条湖で満鉄線を爆破した。それを中国側の反日行為だとして奉天軍の兵営を攻撃し、一挙に戦線を拡大した。

やがて朝鮮にいた本庄司令官の軍隊も、陸軍中央の許可なしに独断で越境して関東軍に合流した。関東軍は11月にはチチハルに入場した。

昭和7年1月、関東軍は錦州を無血占領し、2月にはハルビンも手中にした。

石原の企画したものはほとんどが図にあたった。

ここで奉天機関長の土肥原賢二は、石原の指示のもとに清朝最後の皇帝だった溥儀《ふぎ》の担ぎ出しに成功した。

そして3月には溥儀を執政として満州国が誕生した。それまで反対し続けてきた陸軍中央もついに新国家建設を追認した。

（注）大正時代で書いたように、国連は第1次大戦後に侵略して得た領土は承認しない方針だった。満州国は日本軍による侵略国家と見なされ、既得権益は仕方ないが、独立国として承認されることはなかった。

石原は危ない橋を渡った。独断で満州事変を起こしたのは統帥権干犯と思われるが、陸軍中央が追認したのだからお咎めなしで済んだ。

石原莞爾という情熱的な革命的ロマン主義者なしには、「満州国」が大陸に生み出されることはなかった。さらに言えば、日本がその後どのように進んだか想像しにくい。

石原は昭和陸軍の中では珍しくカリスマ性を持った人だった。立命館大学の教授として軍事学を教えた。また『世界最終戦争』という本を書き、軍事思想家としての一面もあった。

石原は私の故郷山形県の出身なので、偉大さだけを称えたくなるが、負の部分も書かねば公平ではない。

石原がなし崩し的な成功を収めてしまったことが、軍人は上からの統制に反しても大功

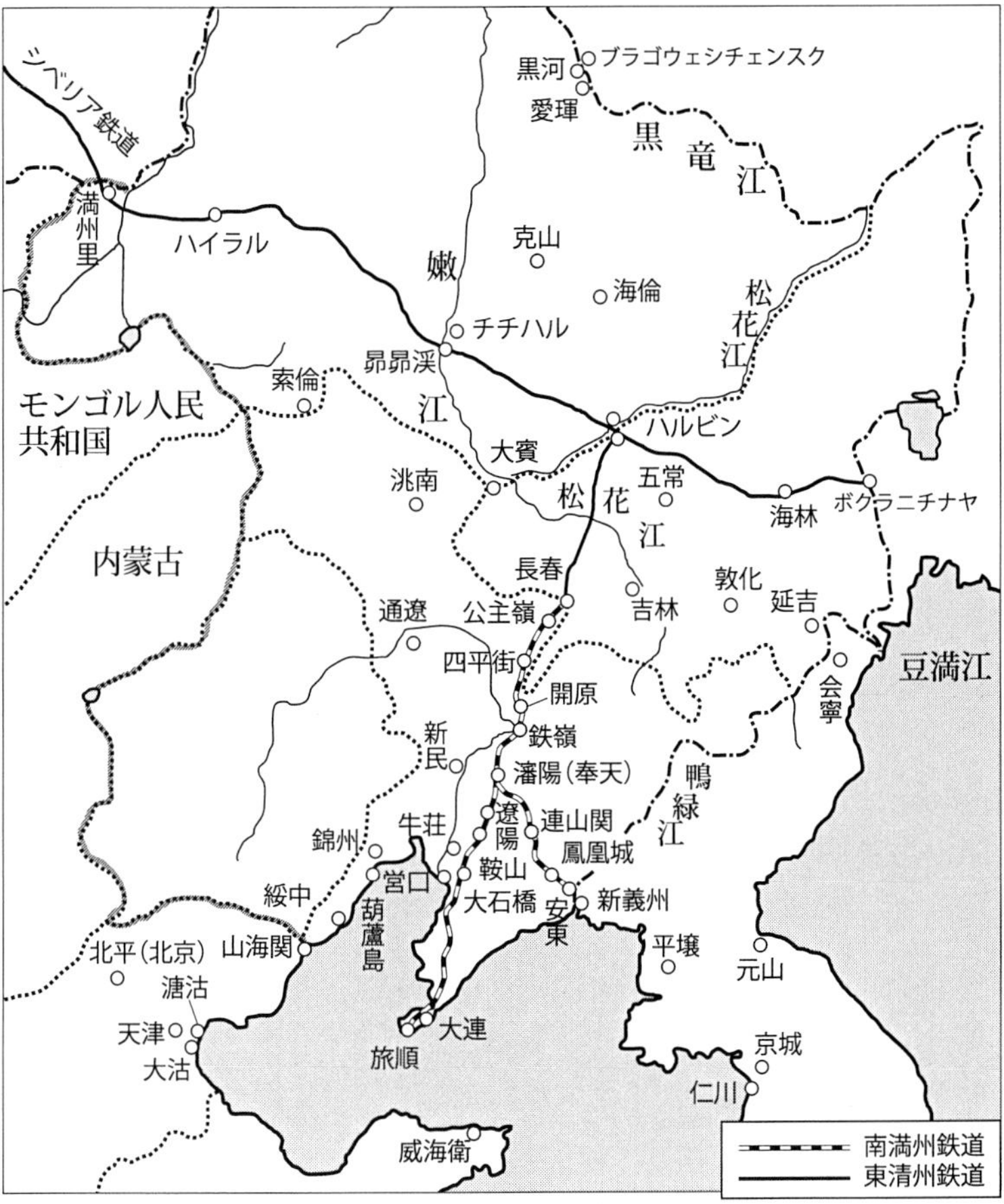

満州要図

小林英夫『日中戦争　せん滅戦から消耗戦へ』（講談社現代新書）を参考に作成

を収めればいいという悪風を陸軍内部に蔓延させるきっかけを作ってしまった。軍中央が、組織を統制することが出来なくなったのだ。

後に述べる日中戦争では、作戦部長として戦争拡大を阻止出来なかった。この2点での石原の責任は非常に重い。

昭和7年8月、石原は陸軍中央へ転勤となった。石原が満州にいた頃は、「五族協和」「王道楽土」をスローガンとして中国人らと仲良く暮らそうとしたが、彼らの期待は踏みにじられた。満州国は明らかに傀儡化の道を進む。

石原が去った後、新任の武藤信義関東軍司令官、小磯国昭参謀長（山形中学から陸軍士官学校、陸軍大学校へ。東條の後継首相）の膨張主義はすさまじい。彼らは満州西の側面を固めるべく華北自治工作を始め、これが封じられると内蒙古工作へと進んだ。そして力をつけてきた中国軍と張り合うようになり、盧溝橋事変から日中戦争へ突入することになる。

明治の大久保や木戸は、「日本の進路としてヨーロッパの帝国主義を見習え」と言ったが、ここまで行くとは想定していなかったろう。

ついでに書いておきたい。私の義父小笠原和夫は、戦前から台北帝大で南方気候を研究した。戦後内地に引き上げ郷里山形に踏み止まって、気象災害対策や農業気象の指導を続けた。そこで山形県の戦後復興に取組んでいた石原莞爾と知り合った。義父は石原の支援を受け、多数の治山治水の調査をやり報告書にまとめた。学術論文もあった。石原は単なる軍人ではなかった。

五・一五事件と二・二六事件

五・一五事件

昭和初期の大不況で農村は貧困にあえぐ一方で、財閥などの富裕層は富を蓄積し社会不安は増大した。国民は政治の現状に失望した。効果的な対策を打っていないからこうなるのだと。
陸軍の一部の将校は、現状の不満からこれを打破し新興日本を生み出そうとした。そして政党と財閥を倒し、軍事政権を目指すクーデター未遂事件が相次いで起きた。昭和6年の三月事件、神兵隊《しんぺいたい》事件、十月事件がこれで世情は緊迫していった。

農村の疲弊は、青年将校の単純な正義感に触れるものがあった。彼等は、北一輝の国家改造計画に感化された。

昭和7年5月15日、海軍霞ヶ浦航空隊の士官（陸軍の青年将校に相当）らが官邸を襲撃し、犬養毅首相を殺害する五・一五事件が勃発した。彼らには政党政治の腐敗、農民や労働者の困窮、海軍軍縮会議への不満があった。

これにより大正時代末期から選挙で選ばれた第1党の党首が、首相になるという議会制民主主義が崩壊した。

永田鉄山斬殺から二・二六事件へ

当時陸軍には、皇道派と統制派の２大派閥があり熾烈な争いをしていた。

昭和10年、統制派のリーダー永田鉄山軍務局長が、白昼堂々陸軍省内で、皇道派の青年将校相沢三郎に斬殺された。皇道派の真崎甚三郎教育総監が更迭され、統制派の渡辺錠太郎に交代したのは永田のせいだとし、皇道派の怒りを買ったからだと言われた。

永田は陸軍きっての俊才で産業界を総力戦体制に編成し、将来を嘱望されていた軍人だった。

国民は陸軍の内紛と下剋上を見せられ、軍紀のルーズに呆れた。

皇道派はこの事件で勢いを得て、二・二六事件を起こしてしまう。

青年将校は、士官学校卒業だけの20代から30代前半の隊付勤務の将校だった。陸軍大学を卒業した軍人はどんどん出世していくのに、彼らはその資格さえ与えられず不満がないはずはなかった。

エリートコースに乗った上級指揮官は保守的で、青年将校の急進思想を危険視して弾圧するか無視した。

ここに青年将校には現状の上官頼むに足らない、隊間の連合で目的を達成しようとする下剋上的な思想が濃厚になる。彼らは上官を除け者にした。

五・一五事件から相次ぐテロに、軍中央は精神的な訓戒や弾圧だけで若い将校を抑えることは出来なかった。軍の下剋上は増大し、何か言ったところで何の役にも立たなかった。

昭和11年2月26日から29日にかけて、陸軍の青年将校により政府要人が暗殺されるクーデター事件が勃発した。二・二六事件である。

1500人近い青年将校が首相官邸、警察庁などを占拠し、「天皇の名を利用して悪い政治を行う奴らは許せない」として高橋是清蔵相、斎藤実内相、渡辺錠太郎教育総監を殺害した。岡田啓介首相は、幸い押し入れに隠れて助かった。

青年将校は天皇親政のもとで国家改造を目指す皇道派に共感し、皇道派のリーダー真崎甚三郎を頼って、あわよくば天皇親政の国家にしようと政府転覆を謀ったのだ。だが天皇の怒りにふれ決起は鎮圧された。

二・二六事件により皇道派は一掃され、後の大戦の指導者となる杉山元、梅津美次郎、東條英機ら中・少将の統制派の軍人が権力を握った。軍はテロの恐怖を巧みに利用し、「言うことを聴かなければ同じ目に遭うぞ」とほのめかす。政治家も財閥ものが言えなくなった。

軍の力は増大し軍事主導国家へひた走ってゆく。二・二六事件は昭和史の最大の分かれ目で、もはや後戻り出来なくなった。

幕末維新の動乱の時にもテロは横行した。公卿は暗殺を恐れてものを言わなくなった、それと同じことだ。

軍部が大戦へ突入した原因はいろいろあるが、軍内部の下剋上的不満対策を怠ったことにもあった。明治以来の軍閥の争いがここまで走らせたと言える。

軍閥の争い

明治時代より山県有朋が率いる長州閥が陸軍を牛耳っていた。佐賀出身の大隈重信は、明治14年の政変から長州閥に何度も苦杯をなめさせられた。

大正10年、陸軍同期の永田鉄三、小畑敏四郎、岡村寧次《やすじ》の3人はドイツのバーデンバーデンで落ち合い、この不条理を嘆き「長州閥打破」を誓った。

彼らが帰国すると参加者が増え、東條英機、板垣征四郎、土肥原賢二の満州組も加わり一夕会が結成された。やがて一夕会のメンバーは、陸士14期から25期まで40人にも達し一時代を築いたが、意見の対立があった。そこから統制派が生まれたという。


山県が死亡すると長州閥は凋落した。大正10年から10年間、長州出身の将校は陸軍大学の受験資格を与えられず、出世をあきらめねばならなかったと言われる。

薩長閥既になく、上原勇作元帥のもとに荒木貞夫陸軍大将や真崎甚三郎教育総監らが集まった。そして佐賀出身の真崎が佐賀系の盟主になると、陸軍の最重要なポストを独占した。アンチ長州閥は佐賀系に受け継がれた。彼らは皇道精神を唱えたので皇道派と呼ばれた。

これと相対したのが、陸軍の中枢高官である永田鉄山軍務局長が中心となって、政府や経済に介入し、内閣を通して合法的改革を進めようとする統制派だった。統制派は永田鉄山、渡辺錠太郎が代表格で東條英機、武藤章、田中新一ら頭脳明晰、出世主義者が集まった。

両派の対立は凄まじいものだった。皇道派の派閥意識が統制派と抗争になったと言われる。

皇道派は対ソ連戦を考えた。ロシアを敵国と考える山県に皇道派は忠実であった。一方の統制派は対中国戦を考えた。

永田鉄山は皇道派の青年将校に殺害された。

東条英機は一度敵視した者はとことん冷遇する軍人で、永田の血のついた服をそのまま着て皇道派への怒りをたぎらせたという逸話が残っている。

二・二六事件の首謀者、皇道派の磯部浅一、村中孝次は、前に永田軍務局長より陸軍を追放された札付きの人間だった。

話は飛ぶが、海軍にも条約派と艦隊派の派閥争いがあった。皇道派は海軍の艦隊派と相性が良かった。

作家海音寺潮五郎と司馬遼太郎は対談してこんなことを話している。

幕末の長州は綱渡り状態だった。京都で蛤御門の乱を起こし、幕府側についた薩摩と会津に追い落された。同時に国許でアメリカ、イギリス、フランス、オランダの4カ国の部隊と戦争してこてんこてんにやられた。長州は両方ともに惨敗し亡国の危機にさらされた。長州の最もラジカルな尊王攘夷運動は大失敗であった。

その後長州は運動方針を全面的に変えて薩摩と連合し明治維新は成功した。長州の前期と後期の運動は別物だった。ここを歴史家たちがはっきりさせないものだから、昭和軍閥の暴走にもなった。

長州は展望を誤った暴発を連続してやって、その暴発が幸いにも薩摩に手をさしのべられ維新運動は成功した。

そういう面を見ずに長州の成功例が革新の常道だと思ったのが昭和軍閥の青年将校だ。行け行けドンドンやれば道は開けると。

(注) 青年将校の下剋上と軍閥の争いを書くにあたって、松本清張の『昭和史発掘』に教示されたことが大きい。

広田内閣、日中戦争へ橋渡し

二・二六事件後、岡田内閣は総辞職した。昭和天皇は近衛文麿に組閣を要請したが、近衛は健康上の理由で辞退した。近衛に代わって指名されたのが広田弘毅である。広田は日独防共協定を結び、英米を敵に回すことになる。

また広田は大正2年より途絶えていた「軍部大臣現役武官制」を復活させた。陸海軍の大臣は、現役の大将や中将が就くというものだ。

広田内閣で陸相になったばかりの寺内寿一は、内閣へ多くの要求を突き付けた。「軍事費を増やせ。閣僚に吉田茂（戦後の首相）のような自由主義的人物は据えるな……」。その中で寺内は「二・二六事件のようなことは陸軍内部を知っている人が大臣にならないと防げない。それまで認められていた、一線を退いた予備役のような軍人は現在の実態を知らない」として無理やり軍部大臣現役武官制を認めさせた。

こうなると軍は意向に沿わない内閣には、陸海軍大臣を出さず内閣は成立しなくなる。

軍は意のまま内閣を操れるようになった。

軍が政治を主導するようになったのは、広田内閣からである。広田は昭和8年から外務大臣を務め、日中戦争への道筋をつけた。その責任は大きい。

第3章　日中戦争

日中戦争は、日本側の謀略で起こしたものではない。日本にとりしなくともよい戦いであり、起こってしまった以上早期に停戦すべき戦いだった。

日本は日清・日露の大戦、第1次大戦に勝利し、世界何するものぞと浮かれ調子になった。さらに満州事変は政府や軍部に自信を深めさせ、自国の力を過信させる結果となった。そして日中戦争は勃発した。

盧溝橋事件から日中戦争へ

満州事変後、昭和7年の塘沽《タンクー》停戦協定により日中関係は落ち着いたかに見えたが、昭和12年（1937）7月7日北京郊外の盧溝橋で日中駐屯軍の小競り合いが発生した。文字通りの小競り合いだったので、現地では停戦に向けて協議がなされた。

牟田口廉也連隊長は何を思ったのか、停戦協定締結の動きを知りながら独断で抗戦命令を出した。

すると4日後には近衛文麿首相が声明を出し、「今回の事件は中国側の計画的な武力抗日争いであることは疑いがない」と断言し、あっさり兵力の増派を決めてしまった。

参謀本部の石原作戦部長は、「広大な国土の中国と戦争したら長期戦になる」と言って中国戦に反対した。

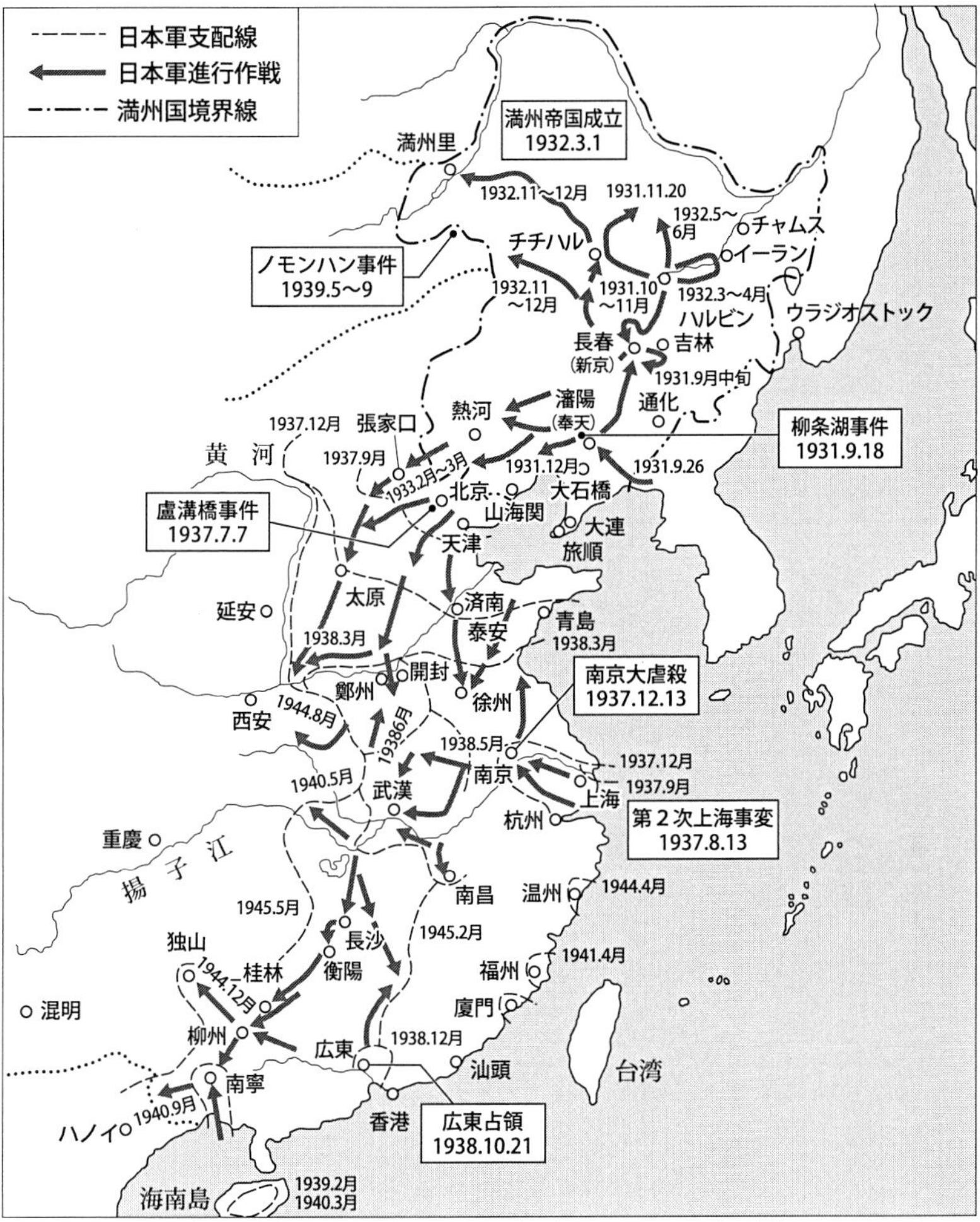

満州事変～日中戦争　日本軍進行作戦図

保坂正康『昭和陸軍の研究』（朝日文庫）を参考に作成

※1931年（昭和6年）～1945年（昭和20年）までの日本軍の動き

これに対し作戦課長の武藤章らは、「中国の軍事力は弱い。一撃のもとにやっつけて黙らせ、中国を将来の対ソ連戦の兵站基地として使う」として上司の石原とは違う考えだった。

中国の「一撃論」は、陸軍の杉山陸相や田中新一軍事課長ら多くの参謀に支持された。結局石原は作戦部長でありながら彼らを抑えきれず、軍事衝突の戦火は拡大し全面戦争に発展することになる。彼ら中堅将校の働きは常軌を逸するものだった。彼らは中国の国力を侮っていた。

上海戦

昭和12年8月に始まった上海戦では、日本軍は想定外の苦戦を強いられた。膠着状態は3か月に及び、陸軍は8万人もの増援軍を杭州湾に送った。そして中国軍（蒋介石の国民軍）の側面をつく奇襲攻撃を仕掛けた。

海陸から日本軍に挟撃された蒋介石は、上海からの撤退を命じ上海戦は幕を閉じた。日本側の投入兵力20万人、死傷者4万人余り出す悲惨な戦争になった。

日中戦争開戦時、杉山陸相は天皇の質問に「この戦争は1か月ぐらいで片付きます」と豪語した。武藤ら強硬派も、戦いが長引くとは考えていなかった。

彼らは上海戦で中国軍の強さを知り、自分たちの甘さに気が付いた。孫子は、「敵を知り己を知れば百戦して危うからず」と言ったが、彼らは敵も己も知らなかったのだ。

和平工作

石原は中国と戦ってはならぬという信念があった。これは優れた見識だった。日中戦争中、アメリカ、イギリス、ソ連などが中国を支援したのを見ればよい。日本は中国のみならず、中国に広く利権を持つアメリカ、イギリスも敵に回すことになった。ここでおおかた太平洋戦争の構図が出来てしまったのだ。日本対アメリカ、イギリス、中国。

中国との戦争に突入しなければ、太平洋戦争は防げた可能性が高い。

石原は戦闘行為を続けていた昭和12年11月、親交のあっ在中国ドイツ大使トラウトマンに和平案の仲介を依頼した。「華北・上海に非武装地域を設置し、戦線をここで収めよう」というものだ。

ところが昭和12年末に近衛首相は、「国民党政府を相手にしない」と声明を発表し、自ら和平への道を閉ざすようなことをした。

和平工作は一時頓挫するが、昭和13年日本軍が南京を陥落させると再び動き出す。トラウトマンは、「日本側の条件を基礎とする講和会談を承知した」とヒトラーに伝えた。

日本側の原案を飲めば和平が成立したのに、広田外相や陸軍の強硬派は、「満州国の承認、損害賠償の請求」など条件を次々とつり上げた。

広田や陸軍は国際感覚がなく学ぼうともしない。日本は和平への最後のチャンスを生かせず亡国の道を選択した。

南京事件

昭和12年11月、中支那方面軍は30万人の大軍に編成された。その大軍が参謀本部の許可を取り付けず独断で南京へ進軍した。

12月10日南京城への総攻撃が始まる。

松井石根《いわね》司令官が南京城の開城と投降を促したが、中国軍がこれに応じなかったため全軍に総攻撃と城内の掃討を命じた。


南京城は三国時代から10の王朝や政権の首都が置かれた城塞都市で、山手線の全長と同じぐらいの城壁に囲まれていた。

日本軍は南京城入城後、残虐な行為を繰り返した。日本軍には食料の補給がなく、連日の行軍の疲れもあって、兵士の心は荒んでいた。中国側の死者は一般市民も含め3万人は超えると言われる。

外務省のホームページには、「日本軍による非戦闘員の殺害や略奪行為があったことは認める」と記載されている。

泥沼化する中国戦線

イギリスの軍事学で教えるのは、「中国の奥地に入って戦ってはならない」ということだった。中国軍は相手を奥地に誘いこんで戦い、さもなければ退却して逆襲し、長期消耗線に持ち込むからだ。蒋介石は日本軍とこの戦略で戦った。軍事学がなく、世界の大勢に疎い日本はこのことを知る由もなかった。日本軍はこの愚をおかした。

昭和13年6月、日本軍は50万人の兵員を動員して、中国軍の主力が集まる武漢三鎮を攻撃した。激しい戦闘は4か月に及んだが、10月にようやく占領した。

日本軍の戦死者7千人、負傷者2万5千人。中国側は死者だけで19万5千人もの犠牲を払ったと言われる。

蒋介石は、南京で敗れても首都機能を漢口に移し、漢口で敗れても四川省の重慶（成都）に移して戦った。決して降伏しない。

重慶まで退却した国民政府は、イギリス、フランスなどから支援を受けた。援助物資はベトナムやミャンマーから援蒋（蒋介石への支援）ルートを通して届くようになる。

ここで戦地や占領地で軍人が使う通貨代用の手形、「軍票」について考えてみたい。日本発行の軍票「連銀」は、中国の「法幣」を駆逐出来なかった。上海など多くの地域でバトルが展開されたが、そのすべてで敗れた。

日本軍は国民政府軍の捕捉に失敗しただけでなく、占領地を支配するための通貨戦争にも勝利出来ず、戦いは泥沼化していく。

これを満州国と比較すれば納得出来よう。満州では昭和10年に旧紙幣の回収率は97パーセントに達し、満州の全域で日本の通貨が使われるようになったのだ。

昭和15年参謀本部は、日本軍が武漢三鎮を攻略しても蒋介石が和平を言ってこないことで混乱し、どうすべきか分からなくなった。彼らは作戦が限界にきていることを覚り、中国の中南部の放棄まで検討したという。

だが陸軍や政府の強硬派は、援蒋ルートを断ち切らない限り中国との戦争は決着がつかないと主張した。参謀本部は仕方なく、中国戦は「長期持久戦」の戦略に方針変更した。

そこには戦争終結を求めるという知恵も工夫もない。

後期日中戦争

太平洋戦争開始後の中国戦線は、一部を除き日中両軍がにらみ合って動かない日が続いた。だが長期持久戦の戦略を取ったはずの日本だったが、南方に進出して戦争打開を目指したのは何故か。その主なる理由は、軍需資材の入手が困難になったことが挙げられる。蒋介石が率いる重慶の国民政府はイギリス、フランスなどから支援を受け、そのルートが東南アジアにあったからだ。

昭和17年1月の2次長沙作戦は日本軍の大敗に終わった。

日本軍は長沙城攻略に失敗し、撤退は困難を極めた。極寒の地で前に狙撃兵、後に追撃兵、あちこちに伏兵がいて休む時間もなく食料もない。3週間の戦いで6千人の死傷者を出した。ここで指揮を取ったのが、阿南司令官だ。

太平洋戦争終戦時の御前会議で、陸軍を代表した阿南陸相の初陣は悲惨な結果に終わった。

長沙作戦の時には、こんなこともあったという。

日本軍が占拠した集落の中央に寺があった。小学校に使用されていたらしく、本堂にオルガンが置いてあった。そこへ日本の兵士がやって来て銃を脇に置き、泥だらけの手でオルガンを弾き始めた。オルガンの音はしばらくして途絶えた。兵士は泥だらけの手で再び銃をしっかり握り、群がる敵に向かって駆けて行った。

昭和17年12月ガダルカナル島での敗退以降は、中国戦線から次々と太平洋戦争に引き抜かれるようになった。

昭和18年4月から6月にかけ、太平洋戦争の悪化で重慶侵攻は中止され、代わりに実行されたのが江南作戦である。江南地方（揚子江の南部）の敵野戦軍の撃滅が表向きの理由だが、実際は兵士の士気維持のために、支那派遣軍が大本営に提案して認可されたものだという。

その中で洞庭湖北方の南県で起きたのが廠窖《しょうこう》事件だ。日本軍は罪のない農民や住民を次々に襲い、家は焼き、殺害、略奪、婦女暴行の限りを尽くした。

昭和61年、近くに慰霊碑が立てられた。「日本軍は殺し尽くす、焼き尽くす、奪い尽くす三光作戦を行い、3万人余り殺害した」と記された。3万人はオーバーで殺害はせいぜい5千人程度と言われる。

兵士の士気の低下を防ぐために実施された作戦が、こんな蛮行を招いたとは情けない。

昭和19年の1号作戦（大陸打通作戦）は補給がない泥沼の戦いだった。

北京から漢口さらに海南島に近い広西省柳州まで、北部中部南部に分拠する中国戦線を繋ぎ、兵力をその場に適した運用を可能にする作戦だった。その距離2400キロに及ぶ。

漢口南の長沙から柳州間の湘桂《しょうけい》作戦は、日本軍の見通しの甘さを暴露した。この地区の狙いは、中国西南部の飛行場を攻撃し、米国空軍の日本本土への空襲を阻止することだった。だが日本軍の戦略は見破られていた。この地域の飛行場は破壊しても奥地の四川省から米軍飛行機が飛び立ち、日本が空襲される有様だった。

昭和の戦争全般に言えることだが、食料は自活主義で現地調達せよということだった。湘桂作戦でも補給線が途絶えたため、日本軍は食料を住民から強奪したり、中には押収した中国紙幣で購入することもあったという。

8か月にわたる1号作戦は、参謀本部服部卓四郎作戦課長が中心となって立案し実施されたものだ。服部は、ノモンハン事件やガダルカナル戦でも無謀な作戦計画を指導し、膨大な数の日本兵を無駄死にさせた。昭和の戦争では愚将が多いが、服部はその代表格で責任は大きい。

後期の日中戦争は、大半が太平洋戦争の展開に大きく影響を受けながら実施された。中国戦線は国民政府のある重慶方面へ進むのではなく、南方戦線に近い中国南部から西南部方面へと拡がった。ゴールが見られない果てしない戦いだった。

（注）この項は、弘中一成著『後期日中戦争』に依って書いた。

有終の美

日中戦争は、昭和12年7月、偶発的小競り合いからスタートして泥沼に入った戦争だ。戦争の大義として、最初はすぐ解決するという「一撃論」、上海戦では「暴支膺懲《ぼうしようちよう》」。昭和13年11月、中国軍が容易に落ちないので、近衛内閣の「東亜秩序建設宣言」（日本が中心となって、満州、中国の協力のもとに東アジアに新秩序を建設すること）へと変遷した。どれもこれも戦争の目的を明示せず、国民を納得させるものではない。

だが、日中戦争にはけじめをつけるべき終わりがあった。

終戦直後の昭和20年8月21日、支那派遣軍参謀副長の今井武夫少将は、中国との停戦協定の会談に臨むため芷江《しこう》に向かった。

この時会場には、陸軍士官学校の入試に際し今井の面接を受けた中国側将兵がいた。その将兵は会談に際し陸士時代の教官今井に失礼がないように、上下の立場のない丸テーブルで会談を開く準備をしたという。中国には蒋介石はじめ陸軍士官学校で学んだ軍人が少なからずいたのだ。

日中両軍のトップ同士の親しい関係は、中国本土の日本軍が平和裡に終戦を迎えられた要因でもあった。

60万の軍人がシベリアに抑留され、6万人が犠牲になった満州とは大違いだ。

8年間に100億円（現在の20兆円）の戦費が投じられ、46万人近くの戦死者を出した日中戦争とは一体何だったのだろう。私には視野の狭い陸軍将校が暴走して始めた、何の得るところもない馬鹿げた戦争としか考えられない。

第4章　太平洋戦争

大戦までの足取り

太平洋戦争は、日中戦争と同様に大義のない戦争だった。

太平洋戦争までの足取りを見ると、日本は次から次と間違った選択をした。そのためアメリカ、イギリス、中国など諸外国から警戒され、強い非難を浴びるようになった。日本が他国から政治的にも経済的にも圧迫されたので、一か八かの戦争に追い込まれたのだ。

なぜそうなったのかその理由を考察する。

昭和8年、日本は国際連盟から脱退した。以後、世界から情報が入らないようになり、国際的な見方がどんどん欠けて孤立化が進む。今も昔も外国との扉を閉ざす国に明るい未来はない。

昭和14年、第2次世界大戦が勃発した。

日本の阿部信行首相は、大戦には介入せずもっぱら日中戦争の解決に努めると宣言した。だがドイツがフランスを屈伏させ、戦局がドイツに有利に展開し始めると、ドイツ、イタリアとの結びつきを強め、軍事同盟にまで進めようとする動きが強まった。

そして昭和15年、近衛内閣で日独伊三国同盟が締結された。これにより日本はドイツと戦っているイギリスと敵対関係になり、そのイギリスを全面的支援しているアメリカとの関係が悪化し、対米戦争は避けられなくなった。

主要資源の供給先であるアメリカ、イギリスは日本への輸出規制を強めた。

日本軍は、日中戦争が膠着状態にある中で援蒋ルート（蒋介石への支援）を断ち切るべく北部仏印（北ベトナム）へ進駐した。アメリカは、日本が現状維持をぶち壊したとして日本への屑鉄、銅を輸出禁止とした。

陸海軍首脳は、石油や天然資源獲得のため南部仏印（南ベトナム）への進駐を主張した。特に海軍の石川信吾軍務課長、陸軍の佐藤賢了軍務課長は強硬だった。結局昭和16年7月、南部仏印進駐が始まった。

だがこのことは、アメリカを強く刺激した。数日後に対日石油輸出禁止を発表したのだ。イギリスも追随した。日本は国際情勢を読み違えた。

当時の日本の石油備蓄は1～2年しかなかった。海軍内では石油欠乏状態でアメリカから戦争を仕掛けられるのを恐れ、海軍首脳は早期開戦論を主張するようになった。

この時点でもアメリカとの武力衝突を避け得る方法がわずかながらあった。

ドイツが連合国側のソ連へ侵攻したのだ。ドイツは約束を破ったのだから、日本は日独伊三国同盟より離脱出来た。だが日本はドイツの勝利を信じ三国同盟に固執した。

永野海軍軍令部総長は、天皇に「三国同盟がある限りアメリカとは外交で調整することは難しい」と意見を述べた。アメリカとの武力衝突は必至だということ。

その後、野村駐米大使とハル国務長官やルーズベルト大統領との交渉はあったが、所詮焼け石に水だった。

国家存亡の危機に、首相となった東條英機はアメリカが要求した中国からの撤退を拒絶した。非戦の芽があったのに残念である。近衛前首相はあり得ないルーズベルト大統領との会談に固執した。及川海相は和を講ずべきと主張したが、具体策なく近衛まかせとなり、永野軍令部総長は政府が決めたのだから仕方がないと言う。

皆無責任そのものだ。この無責任体制こそ、太平洋戦争を特徴づけるものだ。

近代日本になって以来、負けたことがない無敵日本という自己過信、アメリカの国力に対する無知、ドイツの勝利への根拠なき確信、そして今や国民全体が好戦的に変わったなど愚かさの総和が、結局太平洋戦争へ突入する原因となった。

東條は開戦前に、日米の戦力差が10倍もあるのを知らされた。だが「アメリカは太平洋と大西洋に兵力を2分するからその差は5倍になる。日本兵は精神力が優れているのでその差はさらに縮まり2倍になる」と言ったという。東條は合理的判断というより精神性を重んじた。

付け加えて言えば、開戦に当たってどうしたら戦争を終わらせることが出来るか真面目に考えた戦争指導者は1人もいなかった。彼らは勝つまでやることしか思い及ばなかった。

日露戦争のように国力を見極め、ここが引け時と考え行動する指導者はいなかったのだ。

太平洋戦争の推移と実態

真珠湾攻撃と南方戦線

私の義兄は、父親（台北帝大教授）の仕事の関係で太平洋戦争中台湾にいた。入手した経路は分からないが、私は「新高山登レ一二〇八」という山本連合艦隊司令長官の真珠湾攻撃命令電報（コピー）をもらった。生々しい電文を見て欲しい。

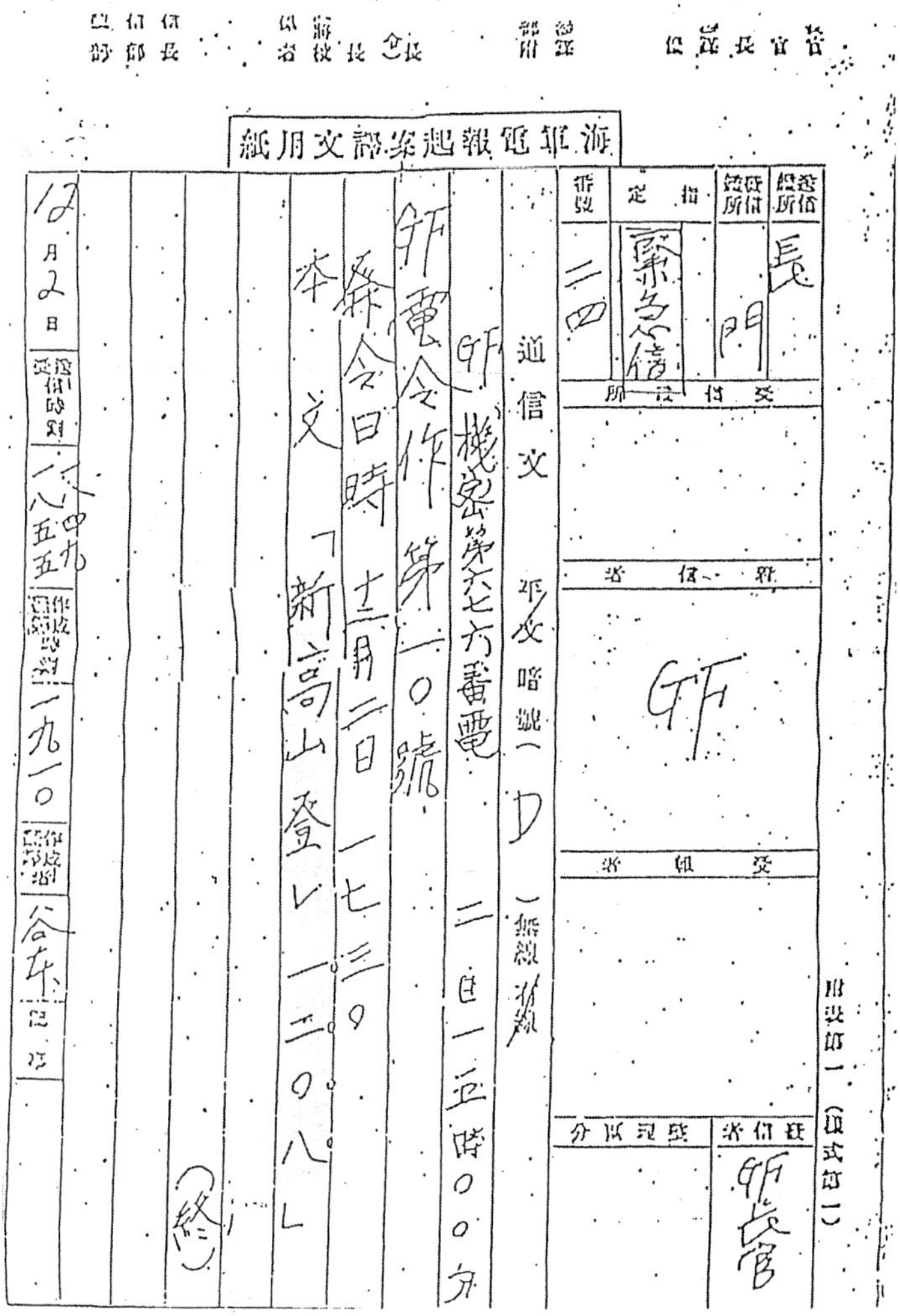

新高山登レ　一二〇八　真珠攻撃命令電報（布施所有）

（注）貴重な原文のコピー。旗艦「長門」より真珠湾攻撃命電。
1208　ヒト・フタ・マル・ハ　12月2日に発信。
GF長官：連合艦隊司令長官　山本五十六。GRAND FLEGATE

太平洋戦争は昭和16年12月8日に始まった。

個々の戦争について細かく説明してはきりがないので、ここではその概略と特記すべき事を書くことにする。


海軍の真珠湾攻撃と南方作戦は同日、ほぼ同時に始まった。

山本司令長官率いる海軍の空母機動隊は、ハワイの真珠湾にあるアメリカ海軍基地を奇襲攻撃した。日本の被害は少なかったが、アメリカは戦艦5隻沈没・座礁、戦傷者2400人の損害を被った。

新高山の写真（布施2005年12月8日撮影）

（注）新高山（現在の地名　玉山、3952m）は、写真中央の右の高山。新高山のほぼ真上から太陽が昇った。

日本の外交官の不手際で戦線布告が遅れたため、アメリカは不意打ちを食らうことになった。これをきっかけにアメリカの世論は、「リメンバー・パールハーバー」を合言葉に日本に対し本格的に宣戦した。次いでイギリス、オランダ、フィリピンも宣戦した。

陸軍は、マレー半島のコタバルに上陸し、石油や資源を獲得する南方作戦に着手した。戦局は日本有利に展開し、マレー半島、ボルネオ、スマトラ、ジャワ島を踏みにじった。昭和17年に入ると日本軍の打つ手打つ手が当たった。ビルマ（ミャンマー）へ侵攻し、中国への援蒋ルートの起点ラングーンを押さえることに成功した。またシンガポールを落とし、イギリス東洋艦隊を全滅した。

5月、アメリカとフィリピン連合軍7万人が投降して、日本軍はフィリピン全域を制圧した。

フィリピンにいたマッカーサー大将は、「また戻る」と言い残してオーストラリアに逃げた。

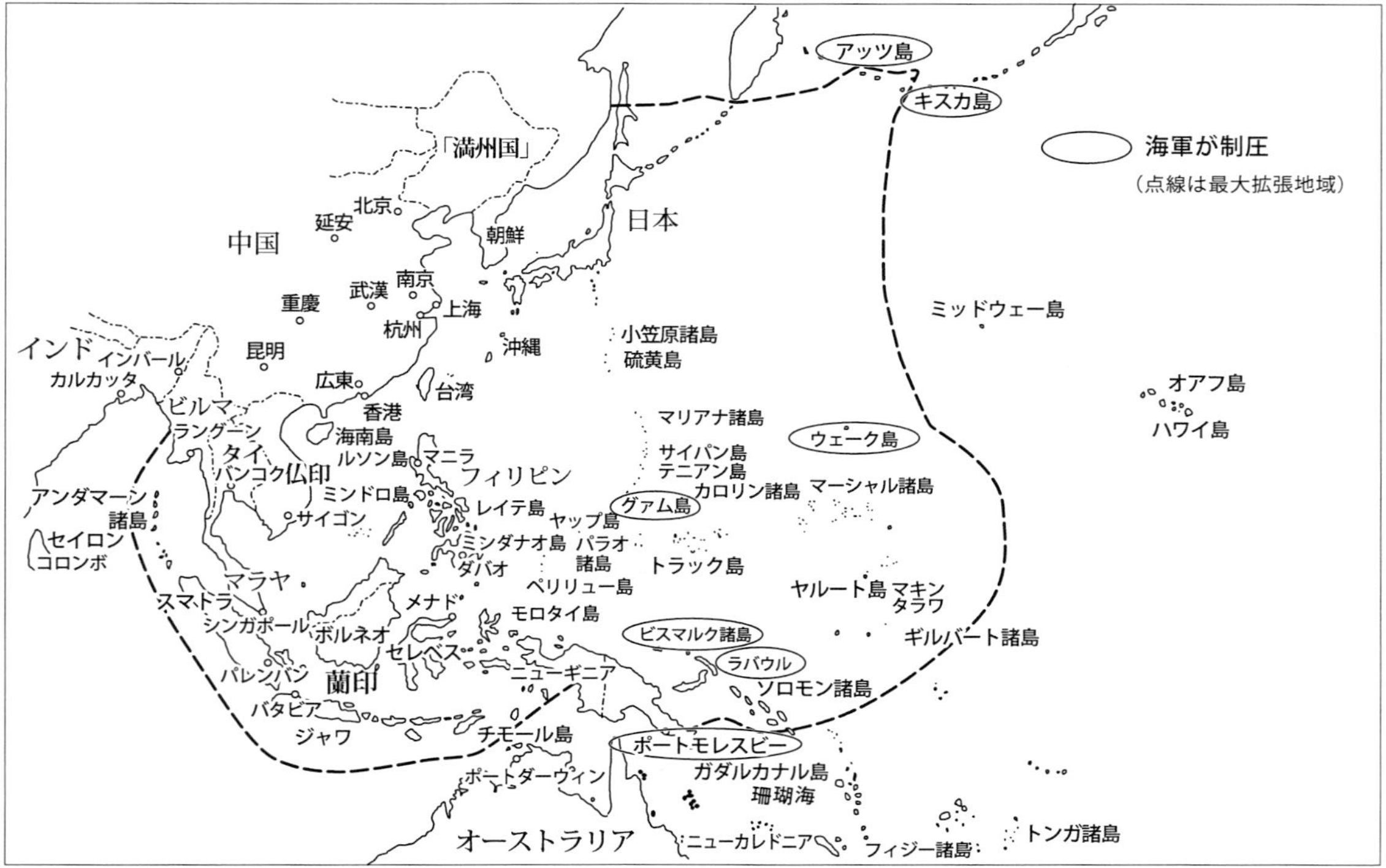

太平洋戦争　日本の軍事支配地域　1941年12月～42年5月に制圧。小林英夫『大東亜共栄圏と軍票』岩波新書を参考に作成

ミッドウェー海戦からガダルカナル戦へ

昭和17年6月、山本長官は、太平洋の制海権を握るべくアメリカ艦隊を誘い出して徹底的に叩き、次いでミッドウェー島を攻略する作戦を実行に移した。そのため山本は、海軍史上最大規模の艦隊を編成した。

だがその結果は、たった1日の日米戦闘機による交戦で日本は空母4隻、航空機280機以上失う大敗北に終わった。日本の暗号が解読され、日本軍は待ち伏せされたのだ。

太平洋戦争開始後半年、破竹の勢いだった日本軍はこの戦いで勢いが止まった。さらに悪いことに大本営海軍部は、この敗北をきっかけに事実を隠蔽しウソの発表をするようになった。大本営発表は大戦中「戦果過大、被害過少」に終始した。

ミッドウェー海戦後、日米の戦いの焦点は、昭和18年8月から翌年2月にかけて繰り広げられたガダルカナル島の攻防戦だ。この島はアメリカとオーストラリアを結ぶ線上にあり、戦略上重要な地点に位置する。

日本軍は最初に仮の滑走路を作ったが、すぐに米軍が上陸して滑走路を奪い立派な飛行場にしてしまった。

以後日本軍は3度にわたり飛行場の奪還作戦を行うが、その都度激しい消耗戦となり、死者2万4千人にも上る大敗北を喫した。ガダルカナルは飢えとマラリアが蔓延する地獄の戦場だった。

作戦失敗の原因は、大本営の参謀に基本的戦略がなかったからだ。失敗したら次々に兵力を投入する。その繰り返し。

この戦いは、太平洋戦争における攻守の転換点となった。日本はガダルカナル島撤退後、勝利の当てのない防戦一方の戦争に化した。

名将山本五十六の戦死

ガダルカナル島での戦いに敗れた日本軍は、その劣勢を挽回するべく「い号作戦」を展開した。ラバウルに日本海軍の航空兵力を集めて、アメリカの航空兵力を撃滅し、制空権を奪還しようという作戦だ。
山本司令長官自らラバウルに陣取って指揮した。山本は前線の将兵を激励するためブーゲンビル島に向かう。だが待ち伏せしていたアメリカの飛行機に発見され撃墜されてしまった。日本軍の暗号は解読され、行く先や時間まで分かっていたのだ。

山本長官の死は、日本の必勝を信じていた日本国民に大きなショックを与えた。天皇もその死を悼み、国葬を賜って労苦に報いた。日比谷公園で行われた国葬には20万人が参加したという。
令和4年安倍晋三元首相が暗殺された時、国民の反対多数の中で岸田首相が国葬を決めたのとは訳が違う。

山本長官の死後、米軍は二つに分かれて北上した。マッカーサー大将率いる陸軍は、ソロモン諸島沿いにフィリピンへ向かう。ニミッツ大将の海軍は、中部太平洋の島伝いにマリアナ諸島、サイパン、テニアン、グアムへ攻め上がる。

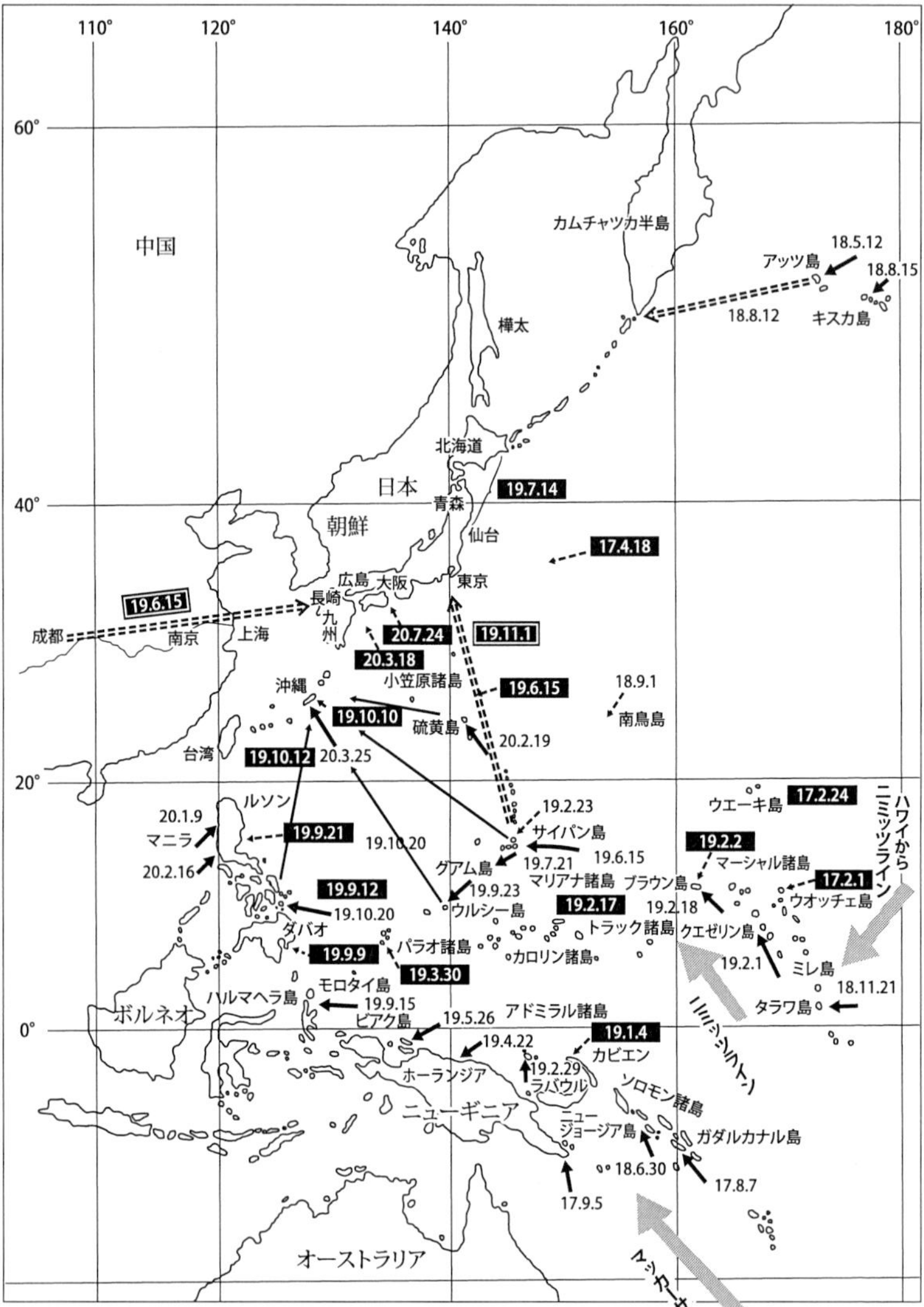

・数字は日本の標準時で示す

・■ は、海戦と航空戦（連合国軍の上陸戦、地上戦）

・▣ は、本土爆撃の始まった日、あるいは行われた日

・===== は、航空機による日本本土と日本軍への攻撃コース

太平洋戦争中の連合国攻勢図

保坂正康『昭和陸軍の研究』（朝日文庫）を参考に作成

※1941 年（昭和 16 年）～1945 年（昭和 20 年）までの攻勢図

玉砕と特攻

随分前のことだが、私はテレビドラマ『二百三高地』を見たことがあった。日露戦争で、ロシアの旅順要塞を乃木大将率いる日本軍が陥落した戦いである。ロシア軍は高地に陣取り、上ってくる日本兵を狙い撃つ。日本軍は、死傷者が増えても、後続の兵士が次々と上がっていく。

兵士たちは、この丘陵を攻略するには「自分たちの命はないもの」と腹を決めてロシア軍の砲火と向き合ったのだろう。

日本軍は旅順を攻略出来たが、死者1万5千人、負傷者4万4千人も出す悲惨な戦いだった。

大戦後、陸海軍の将校が集まり、明治天皇への戦勝報告会が開かれた。

報告に立った乃木大将は、「戦いには勝てましたが、多くの戦死者を出してしまい……」と次第に涙声となりへたり込みそうになった。その時、皇后が近づいてきて乃木の肩を叩いた。すると乃木は気が付いたのか何とか持ち直した。

乃木は多くの兵士を死なせてしまったという申し訳なさ、罪悪感が強く、その感情が一気に吹き出たのだろう。私にはとても感動的なシーンだった。

太平洋戦争の軍事指導者は、乃木とは真逆の人間だった。「玉砕」「特攻」などは、兵士に死を強制するもので、兵士を人間と見ていない。鉄砲の玉のように見ている。彼らに罪悪感などあったろうか。あったのは、何万人死のうが勝つまで玉を撃ち続けるということしか頭になかったのではないか。こんな戦い方をしたのは、日本の他にほとんど例がない。

昭和16年初頭、当時の東條陸相は戦陣訓を出した。「生きて捕虜になってはならぬ。潔く死ね……」と。これは当時の国際法違反だった。

こんな理不尽な軍法があるのだから、参謀本部は戦場で追い詰められた軍に対しては、遠慮なく玉砕を命じた。食料の補給もせず、生きる権利を奪い、最後は死ねと言う軍部のやり方は、まさに狂人のやることだ。

昭和18年5月、アラスカアリューシャン列島にいた守備隊に対し玉砕命令の電報があった。「敵兵の殲滅を図り、最後には玉砕し……」。

それに対し山崎部隊長は、「残存する兵士全員で総攻撃する」と打電し、突撃して全員死んだ。

玉砕の連鎖はその後も続く。

サイパン守備隊の玉砕

昭和19年に入ると、日本は敗色濃くなった。

米軍は南洋の日本軍拠点を攻めた。日本軍は、マッカーサーが指揮するソロモン諸島沿いに目を向けていたので、米軍が中部太平洋の島伝いに北上するのに慌てた。

大機動部隊の暴風のような攻撃が続き、マーシャル諸島やトラック島の日本軍基地は壊滅した。トラック島は、ハワイの真珠湾のような所で、海軍の司令部があり、停泊していた戦艦大和や戦艦武蔵は前もってパラオへ避難した。

2月、米軍は、サイパン、グアム、テニアンなど、マリアナ諸島の空爆を始める。マリアナ海戦は日米海軍の総力戦だった。だが戦力差は明らかで、海軍が1年がかりで育てあげた航空部隊でも日本の成果は何もなく、アメリカ側は「七面鳥を撃ち落とすようなものだった」という。

大本営は、「7月上旬サイパン守備隊の玉砕」を命じた。陸海軍の守備兵4万4千人に自殺を強要したのだ。軍人だけではない、民間人1万人余りにも自殺を促す。こんな馬鹿なことはない。大本営が民間人に死ねと命令する権限などあるのか。

こうなったのはもとを糺せば、大本営参謀の無策にあるのだ。余りの無責任さに言葉もない。

サイパン島の陥落により、日本の敗戦が決定的となった。アメリカの爆撃機が直接日本を攻撃出来るからだ。

東條は天皇に詫び、東條内閣は倒れた。日本が危急存亡の時、東條のような人物が政治や軍事のトップ(首相と陸相、参謀本部総長兼任)に君臨したことは日本の不幸であった。

レイテ沖海戦と特攻作戦

昭和19年10月のレイテ沖海戦は、フィリピン周辺の広大な海域を舞台にして、連合艦隊の残存戦力全てをつぎ込んで行われた。日本軍は米軍にそれなりの損害を与えることは出来たが、日本軍6万8千人のほぼ全員が戦死し、連合艦隊は事実上壊滅した。

レイテ沖海戦では、日本の特別攻撃隊が初めて登場した。死を前提とする爆弾装備の体当たり攻撃である。初めのうちは予想以上の成果を上げたので、これが軍部に正式な作戦として受け入れられた。

沖縄戦終了までに、特攻機2550機損失、命中475機、有効率18・6%と言われるが、これは一時的な数字で最終的には6~7%だったという。

日本は特攻機だけでなく、人間魚雷「回天」など次々に開発した。特攻の戦死者は、5~6千人に達すると言われる。

沖縄戦から終戦へ

昭和20年3月からは、日本本土の空襲が一段と激しくなり主な都市は焼野原となった。沖縄でも米軍は慶良間《けらま》諸島に上陸し、日米双方に多数の犠牲者を出す沖縄占領作戦が始まった。米軍54万8千人、日本軍は市民含め11万人、女学生もひめゆり学徒隊として戦った。

日本は沖縄を本土防衛のための時間稼ぎの場とした。そこから数々の悲劇が生まれた。軍民混在のガマ（洞穴）では住民が軍人に虐げられたとか、軍が配った手榴弾で集団自決したとか、母親が子供を崖から突き落とし自分も飛び降りた……。

大田実海軍少将は、自決前に海軍次官に電報を打った。「沖縄県民かく戦えり　県民に対し後世、特別の御高配を賜らんことを」。軍の幹部にもこのような慈愛に満ちた軍人がいたことは、我々の心を慰めてくれる。

6月23日、日本軍の組織的戦闘は終了した。日本軍人と沖縄県民合わせて20万人の戦死者が出た。陸軍が考えていた本土決戦が行われたら、沖縄の悲劇が繰り返されただろう。

その沖縄には今も戦争の傷跡が残っている。国土面積の0・6％の沖縄に米軍施設の7割が集中し住民は米軍と隣り合わせの生活を強いられている。しかも戦後80年ほとんど改善されず、むしろ新たな懸念が浮上する。国民の無関心がそうさせている一面はあるかも知れないが、とりわけ政府の責任は大きい。

それにしても最近の首相や政府関係者の沖縄県民に対する冷淡さは一体何なのだろう。申し訳ないとか慈愛の眼差しはありはしないのだ。

ヨーロッパ戦線に目を向けると、三国同盟の相手国イタリアが昭和18年9月に無条件降伏、ナチスドイツは昭和20年5月に倒れた。

日本だけが意味のない戦争を続けた。

8月6日に広島に原爆が落ちて、日本政府もついに意を決した。軍の反対を押し切って、天皇の採決によりポツダム宣言を受諾し無条件降伏を決定した。8月15日、天皇が降伏の詔書をラジオで放送された。国民学校2年生であった私も聞いたが、意味がよく分からなかった。３１０万人の死者を出し、国土が荒廃したあげく、日中戦争以来10年も続いた戦争は終わった。満州事変から数えれば15年。

太平洋戦争の総括

開戦時の日本の現実は、アメリカに絹織物や雑貨を売ってほそぼそと暮らしている国で、機械については他国に売るほどの製品はなかった。

海軍の場合、艦船は石油で動く時代になったが、連合艦隊が1年以上も走れる石油はなかった。その石油もアメリカから買っていた。このような日本が戦争を起こせるはずはなかったのだ。

大戦の結果はこれまで書いてきた通りだ。

昭和の戦争は、日本が日露戦争の遺産を受け、満州を国防の最前線として日本の領土にしようというところから出発した。だが太平洋戦争の終戦時には、満州国はソ連に侵略され、元の中国領とされるかたちになった。明治時代より日本の領土となった台湾、樺太、朝鮮、東南アジア諸国は返還し日清戦争前の日本に戻った。

つまり50年間営々と築いてきたものは、無に帰ったのだ。太平洋戦争は無になるための過程だったのか。余りに情けない。元の木阿弥、愚かな戦争だった。

このような戦争を日本歴史上に求めれば、15世紀の応仁の乱にまでさかのぼる。将軍の跡継ぎ、管領家の相続争いが絡み、2大有力守護大名細川（東軍）と山名（西軍）の両軍が11年間も戦った。京都は荒廃し、勝ち負けなし。関与した30万近い全ての人が痛手を受け、得るものは何もなかった。

太平洋戦争の責任の重い代表者は誰だろう。私は次の3人を挙げたい。

まず東條英機首相に最大の責任がある。東條は開戦から敗戦が濃厚となるサイパン陥落まで2年半、政治・軍事の最高指導者だった。国際的感覚がなく玉砕を正当化し、また憲兵を使い過ぎた。退陣後も特攻と本土決戦を唱え、戦争継続を選択した。

次に近衛文麿首相。日中戦争から太平洋戦争まで権力の中枢にいた。日中戦争拡大、国家総動員法公布、日独伊三国同盟締結、南部仏印進駐に深く関与した。性格が弱く陸軍に引きずられることがしばしばあり、公家の末はダメだなどと言われた。

海軍では、伏見宮博恭王の責任がもっとも重い。開戦か非戦かぎりぎりのところで無責任極まるイエスマン、及川古志郎、永野修身、嶋田繁太郎を海軍のトップに据える人事を行った。また皆ためらいがあった特攻兵器の開発に踏み切った。親独派で日米開戦論者だった元皇族海軍軍令部総長には誰も逆らえなかった。

（注）私は海軍で最も戦争責任が重いのは南部仏印進駐を決裁し、日米戦争を決定した御前会議で「死中に活を求めるしかない」と上奏した永野修身軍令部総長だと思っていた。

だが２０２３年出版された半藤一利著の『昭和史の人間学』を読み考えが変わった。海軍の重鎮伏見宮博恭王の権限が絶大で、海軍を自分の思いのまま動かしているのを知ったからだ。

第5章　戦争とマスメディア

昭和の無謀な戦争が、15年間もなぜ可能だったのか。それは軍国主義的な政治や社会体制の上に、政府や軍部が新聞・ラジオなどのメディアや教育を完全に握って統制し、長期にわたり真実が国民に知らされなかったことにある。

満州国建国とメディアの対応

昭和6年、満州事変の直前まで、新聞の多くは軍縮推進を提唱し軍部に批判的であった。満州事変発生後も、軍部は全国の新聞社が一緒になって抵抗しないか終始大きな脅威だった。(緒方竹虎、戦後副首相)。

この時こそ、メディアが戦争を押しとどめられる最後のチャンスだったかも知れない。

昭和7年、関東軍の指導で満州国は出来たが、国際連盟は「満州国は日本の侵略によって創出されたのではないか」と疑いを持った。

リットン調査団がやって来て得た結論は、「日本の満州での権益は認めるが、満州国は承認しない」というものだった。

ところが全国の132の新聞社が一斉に、「世界で満州国を承認しない国は断じて許せない」と共同宣言を出した。

新聞社が満州国承認に動いた背景には理由があった。
・軍部が新聞社へ「要求に応じなければ紙は回さない」と圧力をかけた。(新聞発行が出来なくなってしまう)。
・新聞は戦争で売れる。新聞社は発行部数アップのチャンスと見た。

ここで全国の新聞社が、満州国反対の声を上げれば、その後の日本は別の展開になっただろう。

大衆が政治や社会を動かす

昭和8年、国連会議の全権委員だった松岡洋右は、国際連盟から脱退を宣言した。脱退のプロセスは簡単ではない。

日本政府は連盟脱退にメリットを見出せず、政友会や芦田均（戦後首相）らも脱退を希望しなかった。最強硬の軍部でさえ積極的脱退を主張している訳ではなかった。

メディアの方が、「脱退せよ。そんなところにいる必要はない」と新聞で煽り立てる。すると国民は、「国際連盟何するものぞ」「栄光ある孤立を」「わが道を行く」と言って皆が熱狂する。

これを見た陸軍は世論の反国連感情を高めることに成功した。松岡は本心では反対だったのに、メディアや軍部が先導した世論に乗って脱退を表明したのだ。

昭和の戦争を考えると、日本人特有の同調圧力（出る杭は打たれる）が世論を形成し、政治や社会に大きな影響を与えたことは間違いない。国連脱退もその例だし、五・一五事件で被告に恩情判決が出たのもその例だ。五・一五事件では裁判官も世論に同調した。

軍部の独走だけで戦争までは行かない。メディアも一緒になって戦争に突き進んだのだ。メディアには開戦の責任がある。

（注）この項は、筒井清忠編著『昭和史研究の最前線』が大変参考になった。

政府の言論統制

昭和13年国家総動員法により、新聞・ラジオなどのメディアは政府や軍部の下部組織に組込まれた。

新聞やラジオなどの統制が進んだのは、報道の総力戦体制がしかれた昭和16年以降である。

太平洋戦争が勃発すると、大本営が許可したもの以外は一切禁止された。敗色濃厚になった昭和19年にはこんなことがあった。毎日新聞に、「戦局はここまできた。竹槍では間に合わない」という記事が載った。これを見た東條首相は激怒した。「毎日を廃刊にしろ」。陸軍は執筆者新名丈夫（37歳）を、丸亀連隊に懲罰招集した。ごくまっとうな記事も書けない時代だった。

政府はメディアだけでなく、学問・思想にも容赦なく弾圧を加えた。京都帝大の滝川幸辰教授は、自由主義的な学説で免官になるという事件が発生した。これには諸教授はじめ学生に至るまで立ち上がって反対運動を起こした。（滝川事件）。同じく京都帝大の天野貞祐教授は、国家衰滅に向かう世情に警告しようとして、『道理の感覚』という本を出版した。これが反軍思想ということで物議を醸し、天野は自発的絶版に追い込まれた。岩波書店に未製本分4千部残っていたが、憲兵が店員の面前で裁断した。天野は非国民と悪口を言われ、反動者だと面罵された。

大本営の虚偽発表

陸海軍の大本営発表は信用出来ないものだった。

海戦当初は、勝ち戦だったため真実を謙虚に伝えたが、昭和17年のミッドウェー海戦からおかしくなった。日本は空母4隻、航空機280機失ったのに「空母1隻、航空機35機損失」と発表し、アメリカの損失は「日本の2倍」とした。

この発表については、海軍軍令部と軍務局の対立があった。軍令部の中枢は、「正確に発表したら更なる米軍の攻撃を招く」として反対した。発表は作戦の目的に沿わせることが大切で、同僚を欺いても国民にウソを知らせても仕方がないという立場だった。

国民には「勝った勝った」と報道し、真実より国民の感情に訴えるやり方を取った。

メディアは、軍事情報については軍より取る以外に手段はないので、うすうすおかしいと思っても大本営発表をそのまま報道した。

大本営発表は次第にエスカレートした。

昭和19年の「レイテ沖台湾海戦」は、ここまでやるのかと情けなくなる。アメリカの空母・戦艦1隻も沈めていないのに、海軍は「空母11隻轟沈し真珠湾以来の大勝利」と発表したのだ。

アメリカに大打撃を与えたというので国内はお祭り騒ぎとなった。昭和天皇や小磯首相にも真実は知らされず、天皇は「よくやった」と勝利を称えた。

陸軍はウソの発表をもとにレイテ決戦を決め、多くの犠牲者を出した。

太平洋戦争全体では、日本の損害は5分の1に、戦果は6倍に報道されたという。

こんなことまでして国民の戦争熱を鼓舞しなければ、太平洋戦争は4年近くも続けられなかったのだろう。

最後の陸相下村定《さだむ》は戦後、国会で陸軍の政治干渉を糾弾し、「戦争の火元は陸軍である」とその責任を認め国民に謝罪した。

一方のメディアも戦争責任は重いと思うのだが、そのような公式の発言はついに聞かれなかった。

第6章　国民教育と軍人教育

日本は、やってはいけない戦争を始め、継続してはならない戦争を亡国の直前まで続けた。その大きな罪と過ちの元をたどれば、明治以降の、特に昭和20年間の国家主義的、軍国主義的教育に根差していることはほとんどの識者が認めるところだ。（田中耕太郎、昭和20年代の文部大臣、最高裁判所長官）。

近代日本の教育は、学校教育・社会教育を問わず、軍事教育からの深刻な影響を受けた。明治以降、一般国民や軍人がどのような教育を受けたのかその実態を探る。

明治大正時代の国民教育

明治時代

明治新政府は富国強兵を国是とし、そのために自主性のある国民の協力が必要となった。そこで教育を国造りの中心に据えて重視した。

明治5年に学制をしき、全国の町村に小学校を設けた。

当初、国は啓蒙的な立場を取っていたが、次第に教育行政に関与するようになる。

明治19年、初代文部大臣森有礼は小学校教育を義務化した。

父母や後見人は、子供が小学校卒業するまで通学させなければならないとしたが、強制でなかったため就学率は低いものだった。

明治23年、教育に関する教育勅語が出された。明治天皇が道徳教育のあり方（心構え）を述べたものだ。その内容は、「親には孝行を尽くし、兄弟仲良くして勉強し有用な人間になりなさい。戦争のような危険が迫っている時は、勇気を出して天皇と国家のために戦いなさい」というものだ。

この教育勅語が昭和の敗戦まで、教育の根幹を規定するものとなった。

小学校令は何度も改正された。明治23年の改正で全教科に道徳を絡ませること、修身教育では天皇に忠誠を尽くし、愛国心を養い、国家に奉仕する責務を示すよう求めた。これが「忠君愛国」と呼ばれるものである。

明治時代後期の教育は、忠君愛国という教育観を具現化するものだったと言ってよい。

明治33年、国策と連動する形で修身、国語、地理、歴史の教科書が優先して固定された。そして翌年、小学校の使用教科書は、文部省が発行するものに限るという国定教科書制度が導入された。修身や歴史の教科書には、天皇への忠誠や儒教道徳が強調され、個人の自由を束縛するものとなった。

日清戦争と日露戦争の大戦間に特筆すべきことは、義務教育の授業料免除と貧困家庭に学費の補助があり、10年間に就学率が35パーセント向上したことだ。

高等学校令、高等女学校令、専門学校令が次々発布された。

ここで女子教育について考えてみたい。

この頃、女性は良妻賢母になるのが理想で高等教育は必要ないというのが一般的な考え方だった。高等女学校令が出たと言っても、名称は高等だが高等女学校は、年齢から言っても男性の中学校に相当するものだった。

残念なことだが、一般の女性には高等女学校より上に進むコースはなかった。津田梅子が米国留学して「女子英語塾」(津田塾大学の前身)を創設したことなど数少ない例なのだ。一般の女性が上級の学校に進めるようになったのは、太平洋戦争が終わった後のことだ。

(男性の教育システムは、小学校から中学校さらに上級学校へ。一般の女性は小学校から高等女学校止まり）。

大正時代

大正６年、寺内首相は「臨時教育審議会」を発足させた。この会議体が太平洋戦争終了するまで、国の教育政策に大きな影響を与えることになる。

時の岡田文部大臣は、「今の教育は知育に偏り、国民たるべき精神が十分育てられていない。修身科だけでなく国史や国語教育でも、日本の建国の精神や国体の本義（日本は万世一系の天皇が統治する）を子供の脳裏に徹底させる必要がある」と述べた。

また、小学校にも兵式体操の導入が検討された。将来軍務につくとき役立つ素養を得させるというものだ。

明治中期以降の教育の軍事化は、大正14年になると国民教育の軍隊化へ向け一歩前進した。陸軍将校の学校配属と青年訓練所の設置である。

（注）修身教科書（大正7年刊）

1年生　オヤノオン「オヤヲタイセツニセヨ　オヤノイヒツケヲマモレ……テンノウヘイカバンザイ」

2年生　ヨイコドモ「イツモテンノウヘイカノゴオンヲ　アリガタクオモッテイマス」

3年生「よい日本人となるには　つねに天皇陛下皇后陛下の御徳をあふぎ、また、つねに皇大神宮をうやまって　ちゅうくんあいこくの心をおこさねばなりません」

修身、国語、国史はすべて天皇への服従の項目でむすばれる。

国語教科書

我が国の国民性の長所「第1次大戦後、日本が世界の五大国の一つに数へられるようになったのは、国民にそれだけ優れた素質があったからである。君（天皇）と親に真心を捧げ尽くし仕へる忠孝の美風が世界に冠たることはいふまでもない」

昭和の国民教育

昭和初期の陸海軍は、明治の建軍以来の軍縮期を迎えた。軍縮が実行されると軍人たちは経済的にも追い詰められ、多くの軍人は職を失った。

軍縮期は「軍人蔑視」の時代だった。軍人に抱く時代遅れの粗暴で野蛮な印象は、軍縮期を通して広く蔓延した。軍人は勲章や剣を付けて汽車や電車に乗ることも躊躇した。軍人は、制服を着て外出することを嫌がり、なるべく私服を着るようにした。

この軍人の窮状は、太平洋戦争期の軍人万能時代の印象が強い現代人には分かりにくい。

反軍世論の拡大は、陸軍に国民教化の必要性を理解させた。

日本陸軍の大幅な軍縮は、皮肉なことに人減らしに遭った余剰な現役将校を中学校以上の学校に配属させる結果となった。学校長の指揮監督の下に軍事指導させる「現役将校の学校配属」である。

これに反対する人もいた。長谷川如是閑《にょぜかん》（昭和のジャーナリスト、文明批評家）は、「精神と身体の訓練において軍国的に仕立てられた人間は、現今の世界の趨勢を見ると、全く出来損ないの人間であり、予備軍人を教育者として採用することに反対する。今は国民に社会的機能の発達に全力を傾倒すべきだ」。

だが軍人による軍事教育は実行された。彼らは学生からも教員からも嫌われ者だった。

ちなみに文部省と陸軍省が軍事教練について交換した覚書を見てみよう。

中学1年生の場合
・教育担当者　現役佐官（大佐、中佐、少佐）、大尉の中から選出
・毎週　2時間　4単位
・教材　部隊教育、射撃、指揮法、陣中勤務、旗信号、距離測、戦史

小銃その他射撃場も使用

・体操科の教練成績　配属将校が採点し合否判定

まさに軍人教育そのものの内容だ。

昭和6年の満州事変以降、日本の国民教育は戦争の影響をもろに受けるようになる。陸軍は当初、温厚で立派な軍人を配属将校として学校に送ったが、満州事変の頃から一変し軍人は怖いと見られるようになった。

日本が軍事主義体制、ファシズム社会（自由を否定し、日本の国民性を最優秀なものと信じて維持発展させる国粋主義）へ入っていくのは昭和8年からだ。教育における軍国主義化はここに始まる。それまでの教科書には、国際社会人として国民性の向上を図るところはあったが、以後外来思想を排撃し忠君愛国を強調するのみとなった。

陸軍は国民教育にも口を挟むようになった。従来の教育では人間重視の考えが色濃く反映されたが、陸軍はそれではいけないと色刷りの国民読本を作って配布した。
陸軍は日本のファシズムが、天皇神格化の道を辿ることになったことを小学校から教えこまねばならないと意気込んだ。「天皇は日本を治める最も尊いお方私たちみな天皇の臣民で天皇の深いお恵みを受けてきたしこれからも受ける」と。

昭和8年から11年にかけ、大学の配属将校が、上智・同志社・立教の各大学で大学のやり方に公然と異を唱えた。

上智大学の例

修身科の担当教員は、カトリック信者である学生や教職員を神道や仏教信者に変更させることを余儀なくされた。カトリックに関する講義はいっさい出来ず信仰の自由は奪われた。当時、天皇の「御真影」は申請すれば下賜される仕組みとなっていたが、上智大学は強制的に申請させられ、それを安置する奉安所まで作らされた。

軍事教育を指導することが任務であった配属将校は、その役割の範囲を超え、教育課程や教育組織のあり方まで変更させずにはおかなかった。

昭和12年、日中戦争を契機として国民教育はさらに著しい変化をきたす。国民精神総動員運動が始まり国全体が戦時体制に入ったので、戦時下教育の考えが強調された。文部省教学局が中心となり国体観念の注入と軍国主義の育成に全力が注がれた。学生は思想や学問の自由が抑圧され、皇国史観を押し付けられた。

昭和12年の修身教科書に、「大日本帝国は神国、天皇は現御神」と記載された。古事記や日本書記には、日本の神話が出てくるがこれは真実ではない。だが教科書には実際にあったこととして、日本国や日本人は特別な国であり民族としたのだ。日本は天皇が絶対君主の国であると徹底したかった。

明治以降の歴史教育は、学問とは切り離した「教化」にあったことを知るべきである。現支配層が選んだ特定の価値観「皇国史観」を押し付けたのだ。

皇国史観とは、万世一系の天皇による国家統治のことである。

（注）記紀の神話　日本はアマテラス（天照大神）の直系である神武天皇（初代天皇）の子孫により統治されている。外の国では途中で王朝が断絶しているためそのような例はない。それ故に日本は神の国であり、天皇は現御神である。

皇国史観は、記紀の神話の丸写しだ。

私は以前、日本書紀に出てくる天皇の在位期間と寿命を調べたことがあった。そうしたら、初代から9代までの天皇の平均在位期間は62年、平均寿命は102年であった。この中には134歳まで生きた天皇もおり、全くでたらめな投げやりな印象を受けた。

日本の歴史には600年の間延びがあることは明治時代から知られていた。日本書紀の作者は何の意図があってそのように書いたのだろうか。そんな神話をもとに、昭和15年、紀元2600年記念式典が行われたのだ。

ちなみに日本書紀の他に「大日本は神国である」と明記したのは、南北朝時代（14世紀）の歴史家北畠親房が神皇正統記に書いたのが初めてである。

昭和16年に、国民学校令が出て、小学校が国民学校と名前が変わった。子供たちが戦力になれるように「小国民の錬成のため」の変更だった。

この時期は、制度の変更なく教育内容や教育方法の改変が見られる。

国民学校は、国民の基礎的錬成が目標なので、修身、地理、国語、歴史の他に実業が加わった。

中学校では、「修練」が追加された。軍事教練や勤労作業で尽忠報国の精神を発揚し、献身、奉公、実践力を養うのが目的だ。武道重視も決まった。

高等女学校では、従来の教科に家政科、実業科、外国語科が追加された。

大学・高等専門学校では、理科系教育が拡大され、在学年数が短縮された。

昭和18年から学徒動員が実施され、多くの学生は学業を中断して戦地に向かった。残った学生は工場などへ勤労動員に入ったので、学内にはほとんど学生の姿は見られなくなったという。研究機関も戦時下の体制に組み込まれ、戦争目的に適う研究へと動員された。

昭和18年12月より終戦まで大学生で動員された人数は、防衛研究所では9万6千人としている。

戦況悪化に伴い国民学校高等科や中学生の生徒を志願させ（実際には各学校に人数が割り当てられた）、出征させる状況が見られた。予科練、陸軍少年飛行兵、少年砲兵になって出征し多くの少年たちが死んでいった。

こんなことはやってはいけないのだ。少年は国の宝として取っておくべきものだが、それとは真逆のことをやったのだから、日本は亡国の道を進むしかなかった。明治時代は天皇が子供たちに、「大人は出征するが、君たちはしっかり勉強しなさい」と言われたと伝わるが、天皇はじめ政治家、軍人は将来を見据えていた。明治は盛世上り坂の時代だったと言われるのもうなずける。

昭和19年、「勤労イコール教育」と見なすよう告示された。中学生以上の学生生徒は、今後1年間常時勤労などに出動できるよう準備せよというものだ。まさに学校の本質ともいうべき「教えること」「学習活動」の全面的否定を意味する通年動員方針である。

その例　朝日神奈川版　昭和19年8月13日

学童下令雄雄し　生産体制へ
神奈川県　男子９８７０人　女子２７５０人　８月25日までに初の学童職場進軍　学級１単位につき付き添い教師が隊長格となり、工場で「勤労即教育」の実践指導がなされた　勤務は８時から16時まで

終戦まで勤労動員された全国の学生生徒数は次の通り。
昭和19年６月　90万人　10月　２８９万人
昭和20年３月　３１０万人　８月　３４０万人

昭和20年６月の戦争指導会議で、「国民義勇隊」を新たに結成し国をあげて軍隊化することが決議されたが、多くの町や村はその余裕がなく、日本中どこの地域でも教育は崩壊していた。

「一旦緩急あれば義勇公に奉し」の教育勅語以来、徹底した皇国民錬成教育は、国民に深く浸み込んでいた。軍部や政府の言うままに「神州不滅」を信じたから多くの子供たちが沖縄の地上戦、本土空襲、そして原爆で死んでいった。こうして天皇中心の体制は終わり、それと一体であった教育政策も終焉を迎えた。

明治以降の軍人教育

日本軍の機構制度を確立したのは、明治の山県有朋である。明治6年国民皆兵による徴兵令を交布した。明治7年頃から士官養成のための教育機関、陸軍幼年学校、陸軍士官学校、海軍兵学校を作った。

だが山県は、戦争に勝つための戦術を教えることにこだわり、そのため多くの弊害を生むことになる。

陸軍の教育制度

陸軍はドイツの教育制度を採用した。

・陸軍幼年学校

大正4年以来、将来の陸軍将校の育成のために設けられた。13歳から15歳の少年より選抜した。

・陸軍士官学校

陸軍幼年学校出身者と一般の人が受験した。精神教育と教練・師団演習が教育の2大柱。教科は文科系の比重が大きい。教練、現地戦術、測量、作図など。

・陸軍大学校

ドイツ型の軍事教育や精神教育が行われた。

陸軍大学の受験には士官2年以上の少尉・中尉が対象で、そのうえ原隊の連隊長の推薦が必要だった。海軍大学より実践的で参謀演習旅行を重視した。乗馬訓練は必須だった。（将官は馬に乗れないとさまにならない）。

陸軍大学を卒業すれば、将来の要職が約束された。卒業年度と席次（成績）だけが重視されるため、識見・才能が推奨に値せず人格の点で批難される人もいた。

陸軍大学を出た軍人は、戦争のスペシャリストの意識が強く、世間で言われるゼネラリストではない。幼年学校・士官学校・大学校と陸軍のエリートコースを歩いた軍人は一般社会から閉ざされた環境で忠君愛国の教育を受け、広い視野で物事を考えることは出来なかった。

陸軍にはこの他に、陸軍予備士官学校や10歳後半の少年兵の制度があった。

海軍の教育制度

海軍はイギリスの教育制度を採用した。

・海軍兵学校

明治19年創立。中学校卒業または中学4年終了時の学生が対象。海軍には陸軍幼年学校経由のようなコースはなく、陸軍士官学校よりはるかに入学は難しかった。競争率30倍。教科としては陸軍士官学校とは違い、理数系の比重が大きく、体育では水泳が重視された。

海軍兵学校の卒業席次は、陸軍士官学校と違い相当重視された。特に人事面では重く見られた。兵学校を卒業しただけで中将になった軍人が何人もいた。特攻を創めたことで有名な大西滝次郎はその例だ。海軍は海上の経験や艦隊勤務が重要だったからだろう。

・海軍大学校

陸軍と同様に戦術が最優先された。ただし海軍ではイギリスの制度を模倣したので精神教育は行われず、「海軍はスマートであれ」「率先垂範して下士官の模範たれ」と訓示された。昭和10年頃までに海軍に籍を置いた人は、海軍は良かったと懐かしがるという。

教育内容は、多面的なカリキュラムと図上演習兵棋演習を重視した。例えば図上演習では、西太平洋で戦った場合どう展開するか競わせる。

1年生で国際法、心理学、外国語、2年生で米国戦史、戦争哲学を教え、陸軍より幅広い。

海軍には前記の他に海軍兵学校予科練習生（予科練）、海軍予備学生の制度がある。予科練の卒業生は24万人、死者2万人にのぼる。

陸軍の予備士官学校、少年兵、海軍の予科練がなければ太平洋戦争は戦えなかった。

陸海軍大学の教育システム

明治10年代に日本が招いたドイツの軍人メッケルは、プロイセン（ドイツ）の軍事学を日本に持ちこんだ。メッケルは陸軍大学で、「天皇を支えるため参謀や将校は、死が最終目標である。そのため恥ずかしくないよう生きろ」と教えた。

死を恐れぬ肉弾攻撃の戦術は、日清・日露の戦争に勝利した。

山県は幕末動乱の時代に長州の奇兵隊長をやった生粋の軍人政治家であった。そのため軍人に知識は不要の立場であった。

その影響もあってのことだろう。陸軍大学の教育では、将師として上に立つ者にとり必要な知識や教養を教えなくなってしまい、視野の狭い軍人を育てるようになったのではないかと思う。山県系の軍人で教養のある人などいない。ここに問題がある。

普通の兵士には知識は不要だ。だが人の上に立って指導するには、どうしても健全な常識や知識、教養を身に付ける必要がある。

これでは陸海軍大学、特に陸軍大学の教育プログラムに問題があると言わざるを得ない。

まず教養どころか軍事学も教えていない。

日本の軍人は太平洋戦争の開戦時、勝利の見込みもなく、またこの戦争をいつ終わらせるかまで考えていなかった。こんな愚かな戦争を始めるなどまともな人間がやることではない。

アメリカの軍事学によれば、南北戦争の体験をもとに自国では決して戦わない。自国に指一本でも触れたら、徹底的に戦う。

イギリスでは、「中国の奥地で戦ってはならない」という言い伝えがある。「中国の国土は広いので泥沼に入ってしまうから」と。日本陸軍はこの愚をおかした。

世界の歴史、世界の大勢や国際法を教えなかった。

例えば、彼らが模倣したドイツの統帥は昔ながらのものだった。ドイツ自体が第1次大戦で、「皇帝のための軍事学から国防軍のための軍事学」へ移行したことを知るべきだった。日本軍はドイツ皇帝が失脚し統帥も変わったことを学ばず、天皇は大元帥のままだった。

日本は世界の動きに鈍感であった。年々変化し進歩する世界を前にして立ち止まって考えることをしなかった。世界の現状に眼を覆い伝統の精神力に依拠して亡国へと向かったのだ。

終戦時大本営にいた参謀朝枝繁春陸軍大佐は、後にこんなことを話したという。

「陸大の教育はなっていなかった。全て他律主義で前の時代のやり方を踏襲するような思考法しか教わらなかった。上から言われたことだけをやればよい教育だった。また国際法の教課はなく、対米・対英戦略は何一つ教わらなかった。対ソ戦略一辺倒」。

戦争に必須の情報学を教えなかった。敵軍の情報の取り方や効果的な伝え方などは、勝敗を左右する。

ミッドウェー海戦では、山本長官が乗る艦船に「米国空母が近くにいる」という情報が入ったのに、先頭を走る艦船赤城に伝えることはなかった。参謀が不要と決めつけたのだという。

また政府や軍部がもっと情報学の重要性を認識して、一緒になって真剣に取り組めば、アメリカ、イギリス、中国、ソ連などの緻密な国際環境の分析が出来、太平洋戦争はもっと実りあるものになったのではないかと思う。

もう一つ付け加えたい。陸海軍大学は成績至上の教育だった。陸軍ではドイツの軍事学を丸暗記した人が成績優秀者となり、特に優れた人は恩賜の軍刀組となって軍事を牛耳った。これはどう考えてもおかしい。

陸海軍上層部の頭脳は、日本でもトップクラスだったろうが、国際感覚、人命尊重、常識など何か欠けていた。

この事実は現代の教育の反面教師にもなる。

罪重い陸軍大学

海軍大学は地味で、卒業生で政治に関与した軍人は少ない。イギリス型教育方針を取ったため、山本・米内・井上のような開明的な軍人も出現したが、教育の内容は陸軍同様に、戦術に限定され画一的な教育に終始した。

陸軍大学は、端的に言えば日本を戦争に導き結局破滅へ追い込んだ張本人と言ってよい。いびつな軍事のみの知識を持った軍人が要職について陸軍を牛耳り、政治、はては天皇までも篭絡し日本を亡国の淵に追い込んだ。

近代の軍人教育はうまくいった時もあったが、失敗だった。

第7章　焼け野原から独立国へ

日本が敗戦のショックから立ち上がり、独立国となるまでをまとめる。

ＧＨＱ　日本の非軍事化・民主化推進

敗戦直後の世相

昭和20（１９４５）年8月、敗戦に至った日本は文字通り焼け野原からスタートした。

飢餓は極まり11月まで3か月間に東京で１５０人、５大都市で７３３人餓死する有様だった。日本中いたるところに露天商（闇市）が出来、これがどれだけ国民を救ってくれたか知るべきである。

翌年の2月、都市部の露天商は7万6千人に達しそれが全国に拡がった。その利用を潔ぎよしとせず法律を遵守した高校教師や裁判官は、栄養失調で餓死した。

このような世相の中で、アメリカのマッカーサー元帥は、日本の占領政策を担う連合国最高司令部（GHQ）の総司令官として着任した。

GHQはアメリカ政府から独立した機関であったが、日本はGHQの支配下に入った。マッカーサーは事実上なんでも出来る権力を持っていたが、良心的で開明的な指導者であった。圧政で国民を困らせるようなことは少しもなく、日本を望ましい方へ導いた。

新憲法制定

昭和21年、新憲法の草案は、最初に日本の憲法問題調査会により提出された。だが国家の統治権については、「日本は君主国、天皇に統治権がある」としてあった。日本は明治の帝国憲法の考えから抜け出せなかったのだ。

これを見たマッカーサーは激怒した。「国民主権、天皇は国民の象徴」の文言は譲れない、このまま日本に任せておくことは出来ないと決意した。

新憲法の原案はＧＨＱが作ったことは間違いない。その原案を元に日米双方が意見を出し合い、激論を闘わして出来上がったものだ。日本が提案したことにはＧＨＱが柔軟に対応してくれた。

その実例を書いてみる。

・森戸辰夫は、ＧＨＱの原案に「生存権」を入れることを提案した。その結果、「健康で文化的な最低限の生活を守る」ことが追加された。

・芦田均は、原案に「やむを得ず戦争を放棄する」趣旨のことが書いてあるが、もっと自主性のあるものにして欲しいと要望した。ＧＨＱは「軍を保持しない」に修正した。

・GHQは、国会をイギリスのように「1院」で出してきた。日本は、「衆参2院」を主張し認められた。

・美濃部達吉は制定のプロセスを問題視した。戦前の枢密院はなくなったのに、枢密院にいた人が議論に参加するのはおかしいと反対した。そこで枢密院の関係者は除外された。

新憲法制定に尽力した人を特記したい。

幣原喜重郎《しではらきじゅうろう》は敗戦の混乱時に首相となり、インフレの荒治療を行った。新憲法についてマッカーサーと渡り合い、9条などに意見を述べた。そして「象徴天皇、主権在民、戦争放棄」にこぎ着けた。

実は戦争放棄を定めた憲法9条そのものが幣原の提案だと言われる。幣原は大正から昭和の初期にかけ外務大臣であった。昭和3（1928）年に締結されたパリ不戦条約に全権として出席した数少ない国際協調派だった。

パリ不戦条約とは、第1次大戦があまりに悲惨だったため、国際紛争を解決する手段として武力を用いないことを定めたもの。幣原はその不戦条約を活かした。

憲法担当国務大臣の金森徳次郎も忘れてはならない。新憲法について国会で１３００回も１人で丁寧に答弁した。

当時の日本には新憲法がＧＨＱに押し付けられたと思う人が、少なからずいたが内実は前述した通りである。

新憲法の土台になるものはＧＨＱが作ったことで間違いない。でも結果的にはこれで良かったのだ。日本は明治の帝国憲法の考えから抜け出せず、自主的には、「象徴天皇、主権在民、民主主義、戦争放棄」など考えられなかった。

現代でも日本の政治家の中には、アメリカに押し付けられた憲法だから改憲しようという動きがある。だが憲法学者によれば、勉強不足で憲法をよく知らない人ほど声高な発言が目立つという。

新しい日本国憲法は、昭和22年５月３日より施行された。

民主化への改革

戦後間もなく、GHQは日本政府に対し日本の民主化のために5大改革を進めるよう命令した。日本は旧弊にとらわれ、自ら変わり得ないことを見越したものだった。

GHQの指導により実行された改革は次の通りである。

①農地改革

地主は農地を1町歩（1ヘクタール）しか所有出来ないことになり、残りは小作人に与えられた。これにより農村が貧しさから解放された。この改革は地方経済の根幹を変え、日本の原型を作ったものだ。これだけでもGHQの偉大な改革と言える。

②労働組合の結成促進

労働者が団結して労働組合を作る権利が与えられた。労働者と資本家が対等な立場で交渉出来るようになり、労働者の労働条件や待遇改善が進んだ。

③財閥解体

三井・三菱・住友・安田の4大財閥は解体され、持っていた株は売りに出された。彼らは戦時中に政府に協力した背景があったので、残しておくと再び軍事化のリスクがあったからだ。

その結果日本経済の自由化が進み、ソニーやホンダなどの企業が続々誕生し、日本が経済大国になる礎が築かれた。

④教育改革

学校制度は、小・中・高・大学の年限をそれぞれ6・3・3・4年とし、小学校・中学校を義務教育とした。また男女共学を義務化した。

⑤参政権の拡大

満20歳以上の男女に参政権が与えられ、女性の参政権も認められた。有権者数はそれまでの3倍になった。

東京裁判

東京裁判は昭和21年から23年にかけ、重大な戦争犯罪人として起訴された日本の指導者を連合国が裁いたものである。

戦争犯罪人は次の3つに分類されるが、東京裁判はA級の対象者を取り扱ったものである。

・A級　戦争が「犯罪的軍閥である陸軍の大陰謀で起きた」ということを前提として、特に開戦に重きを置いた。東條英機ら28人が起訴された。28人中海軍は3人だけ。陸軍は15人、ほとんどが軍政（陸軍大臣など）で軍令（参謀本部の参謀など）は除外された。

・B級　国際法で禁止された罪を犯した人。捕虜虐待、市民の殺戮、暴行など。

・C級　人道の罪を犯した人。南京虐殺など。

B・C級戦犯は戦場における戦犯だ。その裁判は世界各国で、その国の法律に基づき独自に実施された。起訴された者5700人、そのうち処刑された者920人にのぼる。処刑の第1号はマニラでの山下奉文大将。民間人虐殺容疑。

A級戦犯の裁判、いわゆる東京裁判で死刑判決を受け執行されたのは、陸軍の東條英機、土肥原賢二、松井石根、武藤章、板垣征四郎、木村兵太郎、文官政治家の広田弘毅の7人。海軍は1人もいない。終身禁固刑は、小磯国昭、永野修身、荒木貞夫ら16人。なお近衛文麿は起訴される前に自決した。

東京裁判には多くの批判があった。

第一に戦犯の選考基準が曖昧だったことである。連合軍はトップ級だけを被告にして、事実上権力を行使した人を見逃した。

満州事変では板垣征四郎陸相は死刑になったが、首謀者の石原莞爾は起訴を免れた。石原は東京裁判の頃、病気のため地元鶴岡で闘病生活をしていた。そこに連合国の担当者がやって来ていろいろ尋問した。石原は「おれが満州事変をやったのだ。なぜ起訴しない」と叫んだという。

南部仏印進駐は海軍が主導した。その海軍を誘導し実行までもっていったのは、石川慎吾軍務課長であった。太平洋戦争の起点となって罪は重いのにお咎めなし。

次に東京裁判は戦勝国による裁判だった。ソ連による日本人のシベリア抑留、アメリカの広島・長崎への原爆投下、東京大空襲などは問題にされなかった。

戦争で被害を受けたのは外国人だけでなく、日本の軍人であり一般国民だ。日本人による戦争犯罪者の裁判も出来たはずだが、幣原内閣は「日本人の血で血を洗うことになる」として反対した。国会も乗り気ではなかった。天皇も「自分の股肱の臣を裁判にかけるのは忍びない」と言われた。戦争直後でもあり仕方がなかったという一面はあるかも知れない。

しかしながら史上最悪のインパール攻略作戦を企画し強行した牟田口廉也中将のような軍人は、日本の軍人に対する罪だから東京裁判では扱えず、日本人による裁判しかなかったのだ。

インパールはイギリス領インド北東部の都市。そこに至る道は、高山が連なり有数の豪雨地帯で悪路だった。牟田口は銃弾も食料も最前線に送ることなく「やれ」というばかりで、成果は何もない。戦死者3万人以上、病死・餓死者4万人以上、生存者はわずか1万2千人という大敗北に終わった。

牟田口は犠牲になった兵士に謝罪することもなく昭和41年まで生きた。生き残った兵士は皆その話になると体を震わせ、「牟田口だけは許せぬ」と話したという。牟田口は日中戦争の無謀なスターターであり、軍人としてだけではなく、無責任極まる人間失格者だった。

このようにして昭和23年末で敗戦処理は一通り終結し、戦後の日本のかたちがおおよそ出来上がった。

朝鮮戦争は神風

アメリカの方針転換

昭和24年から、アメリカの方針ががらりと変わった。

ＧＨＱは本国の意向を受け指導方針を転換した。それまでの「非軍事化、民主化」路線より「改革より復興」となり経済が中心となった。

日本を救援するのではなく日本の自立を支援することに変わり、早速ビジネス目的の海外渡航が許可された。

中国では、毛沢東により共産主義国家中華人民共和国が誕生した。それに呼応しＧＨＱ

は日本を中国への防波堤、最前線の橋頭堡の役割を果たさせようとした。

一方日本の国内を見ると、中国から帰国した日本共産党の野坂参三、徳田球一らの演説を聞いて、日本にも共産党政権が誕生するのではと思わせるほどの人気があった。

GHQは日本の現状を無視出来ないと思った。GHQは共産党に圧力をかけ、吉田首相に「共産党幹部野坂、徳田ら24人を追放せよ」と命じた。

日本政府は、幹部だけでなく共産党員やその同調者に公職追放（レッドパージ）を実施した。その数民間企業で1万5千人、公務員1千人に及んだ。

アメリカは昔から、自由を認めない共産主義が大嫌いなのだ。

朝鮮戦争

第2次世界大戦後、ソ連がヨーロッパの東の国々を次々と衛星国にしたのでソ連とヨーロッパとの対立が深まった。イギリスのチャーチル首相は、両者の間に鉄のカーテンが出来たと表現した。

ソ連と欧米特にアメリカとは、体制の違いも一因となり厳しく切迫した冷戦が始まった。それを顕在化したのが昭和25年の朝鮮戦争である。

日本の植民地であった朝鮮半島は、終戦直後から南はアメリカ、北はソ連により直接統治された。やがて韓国と北朝鮮が独立したので、朝鮮半島は南北に分断された。

朝鮮戦争は、北朝鮮の奇襲攻撃で始まったのだが、次第にアメリカとソ連の代理戦争の様相を呈してきた。米軍主力の国連軍（最高司令官はマッカーサー元帥）とソ連が後押しする中国軍・北朝鮮軍との対決となった。

戦いは中国軍の猛攻により、国連軍は撤退し次第に追い込まれた。そこでマッカーサーは中国軍の兵站地（旧満州）に原爆投下を進言したが、アメリカ参謀本部に却下された。トルーマン大統領はマッカーサーを罷免した。

トルーマンは、「ソ連は核を持っている。使ったら第3次大戦になる」。同じことをスターリンも考えていた。核を持つことは抑止力になるという思想が普及するのは、この頃からである。

両陣営の戦いは3年経っても勝敗なく、昭和28年休戦協定が締結された。

朝鮮戦争は日本にとり神風であった。

日本は米軍主力の国連軍の前進補給基地となった。空軍の攻撃発進基地であり、有力な兵站基地でもある。弾薬や食料の輸送、傷病兵の治療、兵器整備などを一手に引き受けた。

朝鮮戦争特需のおかげで、日本経済はあっという間に拡大した。昭和25年の一般会計18億円中、特需が8億円も占めたという。

戦後日本は朝鮮戦争3年間で生き返った。

軽武装経済重視路線へ

警察予備隊の発足

昭和26年に入ると、アメリカ国務省筋の強硬派ダレス特使が来日した。ダレスは「日本を被征服国ではなく相談相手とする。日本は再軍備せよ」と迫った。朝鮮戦争中でもあり、日本が自立して強くなり共産圏との防波堤になるように期待したのだ。

占領政策を超えるダレスの要求に吉田首相は拒否、マッカーサーは「とんでもない」と応答した。

吉田とダレスの攻防は続いた。

吉田は裏で極秘書簡をダレスに送った。「今すぐ再軍備は出来ないが、ゆっくりと段階的に軍備を持つようにしたい。5万人程度の国防軍プランを研究したい」。これぐらいのことを言わなければ、ダレスは本国政府と約束してきた手前、引っ込みがつかなかったのだ。

吉田首相は、軍事はアメリカにまかせ「軽武装経済重視」路線を進めたかった。

マッカーサーは転化した。吉田首相に手紙を書き、「私が総司令官となり、在日アメリカ軍は朝鮮戦争に行く。その穴うめを日本がやってほしい。そのため警察予備隊を作ってくれ」と要請した。

ダレスが焚き付け、吉田首相の抵抗にもかかわらずマッカーサーにより警察予備隊（自衛隊の前身）は出来た。

言い添えておくがマッカーサーは一貫して日本の再軍備には反対だった。ただ、新憲法は「自己防衛の権利は否定しない」と解釈して、警察予備隊が出来たのだ。

マッカーサーの離日

マッカーサーが日本占領時のＧＨＱ総司令官だったのは、日本人にとり僥倖だった。あんなに日本のことを考えてくれる将軍だとは、だれも思っていなかった。

戦後の日本はＧＨＱのマッカーサーが中心となって再建したと言ってよい。

マッカーサーは、日本に民主主義を根づかせ、主権在民、憲法９条などを残した。さらに朝鮮戦争の指揮を取り、その間に日本経済は立ち直った。まさに日本の恩人だ。

それは国民も知っていた。昭和26年、マッカーサーの離日にあたり20万余の日本人が羽田空港への沿道を埋め、日本とアメリカの国旗を持って見送ったという。

帰国後マッカーサーは国会で演説した。「私は少年の頃人が歌うのを聞いたことがある。それは『老兵は死なずただ消えゆくのみ』という歌だった。今、私は全く同じ気持ちだ。『老兵は死なずただ消えゆくのみ』」。

サンフランシスコ講和条約

昭和26年、サンフランシスコで講和会議が開かれ、吉田首相は首席全権として出席した。日本はソ連、中国、ポーランドなど共産圏の国を除いた48か国と講和条約を締結した。

それと同時に、日米安全保障条約（安保条約）も締結し、アメリカの軍隊は引き続き日本に駐留することになった。

安保条約の根幹は、「アメリカは日本の安全を護る。その代わり日本は基地を提供する」というものだ。

これだけではアメリカがどこまで護ってくれるか明確ではない。またいざという時の事前協議制度を欠いていた。

特に問題となるのは、条約の付帯事項ともいうべき日米行政協定（地位協定）の条項だ。

・基地内に日本側を入れない

・基地内でアメリカは都合により何でも出来る。日本側には知らせる必要がない。

まさに基地内で何が起こっても、日本は立ち入ることが出来ない治外法権である。安政の不平等条約は、居留地における居留民だけの治外法権であった。講和条約とセットの地位協定は、日本全国の米軍基地に適用され、かつての不平等条約よりはるかに広範囲の治外法権を認めた。

国民が納得出来るような米軍駐留の方策を見出し得ないまま安保条約は締結された。吉田首相は言った。「戦勝国と敗戦国が主従関係にある状態でこのような条約が出来てしまった」と。

吉田首相は、安保条約が将来必ず問題になると考え一人で署名した。問題が起きれば自分がその責任を負う覚悟だった。その責任感、現代の政治家は見習うべきである。

吉田首相は、ＧＨＱ支配下の困難な状況の中でＧＨＱと渡り合い、軽武装経済重視の路線を進めた。またサンフランシスコ講和条約を締結し、戦後の日本の歩むべき方向を定めた。その功績は特筆してよい。

講和条約が締結された日、トルーマン大統領は全米テレビで生中継し、「この条約を第２次世界大戦の終着点とする」と演説した。日本は、昭和８（１９３３）年国連脱退以来19年ぶりに世界へ復帰し、明治維新以来の近代日本の歴史は幕を閉じた。

翌年の昭和27（１９５２）年４月28日、講和条約が発効しＧＨＱの占領が解除された。新しい独立国日本の船出であった。

参照文献

・有竹修二『昭和の宰相』朝日新聞社　１９６７
・海音寺潮五郎・司馬遼太郎『日本歴史を点検する』講談社　１９７８
・笠原英彦『明治天皇』中公新書　２００６
・加藤陽子『それでも日本人は戦争を選んだ』朝日出版社　２００９
・加藤陽子『戦争の日本近現代史』講談社現代新書　２０１７
・川田稔『石原莞爾の世界戦略構想』祥伝社　２０１６
・川又千秋『帝国海軍の真実』文殊社　２０１３
・久保義三『昭和教育史　戦前戦時下篇』三一書房　１９９４
・小林英夫『日本軍政下のアジア　大東亜共栄圏と軍票』岩波新書　１９９３
・小林英夫『日中戦争　殲滅戦から消耗戦へ』講談社現代新書　２００７

・島田俊彦『関東軍』講談社　２０１６
・ジョン・Ｆ・ケネディ『勇気ある人々』日本外征学会　１９６１
・高橋源一郎『ぼくらの戦争なんだぜ』朝日新書　２０２２
・高橋正衛『満州国と関東軍』新人物往来社　１９９４
・高野邦夫『軍隊教育と国民教育』つなん出版　２０１０
・筒井清忠『昭和史研究の最前線』朝日新書　２０２２
・辻田真佐憲『戦前の正体』講談社　２０２３
・徳富蘇峰『近世日本国民史　明治三傑』講談社　１９８１
・保坂正康『昭和史のかたち』岩波新書　２０１５
・保坂正康『あの戦争は何だったのか』新潮新書　２０１９
・保坂正康『昭和陸軍の研究』朝日文庫　２０１９
・保坂正康『昭和の戦争　保坂正康対論集』朝日新聞　２００７
・関口宏・保坂正康『もう一度近代史　明治のニッポン』講談社　２０２０

・関口宏・保坂正康『もう一度近代史　戦争の時代へ』講談社　2021
・関口宏・保坂正康『もう一度近代史　帝国日本の過ち』講談社　2022
・星野耐『参謀本部と陸軍大学校』講談社現代新書　2004
・半藤一利『昭和史1926―1945』平凡社　2004
・半藤一利『B面昭和史1926―1945』平凡社　2016
・半藤一利『世界史のなかの昭和史』平凡社　2018
・半藤一利『昭和史戦後編1945―1989』平凡社　2021
・半藤一利『昭和史の人間学』文藝春秋　2023
・弘中一成『後期日中戦争』角川新書　2021
・松本健一『日本の失敗』岩波現代文庫　2015
・松本清張『昭和史発掘』文藝春秋　1974
・読売新聞『戦争責任検証1』中央公論社　2006
・読売新聞『戦争責任検証2』中央公論社　2007

あとがき

本文に書かなかった現代日本の政治について評論し終わりにしたい。

私は故郷山形を離れ50年も横須賀に住んでいるが、地元出身の政治家小泉純一郎元首相を尊敬している。私欲がなく、郵政民営化を実現した。北朝鮮に拉致された5人を連れ戻した。歳出予算は、国の借金が膨らむのを極力抑えるべく年間90兆円にとどめた。

原子力発電については、核のゴミを捨てる場所がないとして反対した。原子力発電は、今でこそ地球温暖化対策として見直されているが、核のゴミの廃棄問題をどうするかが今後の課題である。放射能量が安全なレベルにまで下がるのに数万年かかると言われ、地震大国の日本には安心出来る場所などありはしない。

小泉氏は米百俵の精神で政治を行い、目先を求める政治家ではない。

（注）米百俵の精神

幕末、財政が窮乏した長岡藩に、近くの三根山藩から百俵の米が贈られてきた。通常ならこの米は民に分け与えられるが、長岡藩の大参事小林虎三郎は、「百俵の米も、食べたらたちまちなくなる。教育に当てれば明日の一万俵百万俵になる」と説いたという。現在の辛抱が将来の利益になるという故事。

平成13年発足の小泉政権以降、自民党は支え合いや助け合い、政府は社会的公正な確保より「自己責任」を強調し、競争重視の経済へ軸足を移した。その結果貧富の格差が拡大し、日本も徐々に勝者と敗者に分かれていくように見える。

進学先や仕事が個人の能力によって決まるという能力主義の考え方は、一見平等だが、現実には不平等を固定化している。

裕福な親は教育にお金をかけ、子供は有名大学や優良な就職先に進む。余裕のない家庭では、子供は高校にも進めない。

今の若者は、自分の周りが「より豊かになっていく」経過を経験していない。むしろ彼らは、非正規雇用やワーキングプアに象徴される格差の拡大と将来の不安に苛なまれる。

現在の日本は、富の偏在、道徳の失墜、無関心、民主主義の劣化の国と言える。

昭和50年代、アメリカ人による『ジャパン　アズ　ナンバーワン』という書物も出たりしたが、今やすっかり住みにくい国になってしまった。

そうなった理由は一言では表せないが、政治の劣化、政治家の質の低下が進んだことが大きいと思う。

安倍元首相は、アベノミクスをスローガンにして初めのうちこそ企業を潤したが、弊害の多い政治家だった。

選挙の際には国民の関心の高いことを前面に出すが、選挙に勝てば権力を最大限に行使した。

条件付きではあるが、自衛隊が海外に出かけて戦える安保法制の改定を強行採決した。特定秘密保護法をまとめ、公文書管理をなおざりにした。モリカケ問題や桜をみる会では多くの疑惑を残した。桜をみる会の国会答弁では、１００回以上議会にウソをついたことも分かっている。旧統一教会との関係では、国会議員の先頭に立って、多くの苦しんでいる信者がいるのに放っておいた。

安定した基盤を持ちながら、人口減少対策、社会保障制度の再構築、財政健全化など難題には手を付けなかった。首相辞任の覚悟で、一つでも解決のメドをつければ日本の未来は違ったろうに残念である。

菅元首相は、「安倍政権の継承」を掲げスタートとしたが、コロナ対策につまずき1年で退任した。学術会議委員の人事で、会員候補6人を政府に批判的だからとの理由で任命を拒否した。教育行政への不当な介入である。

岸田首相は、ビジョンのない政治家である。防衛費、子育て、物価高などの対策として、財源を確認することもなく想定外の大型予算を計上した。こんな大盤振る舞いをするのだから、実施に当たっては結局国債に頼るしかない。財政赤字は世界最悪というのに野放図な財政出動を続けるのは、無責任過ぎる。

日本は今や、毎年35兆円を超える借金が当たり前の国家になってしまった。その結果、これから先にインフレ（通貨の大幅な低下）や増税が必ず国民にのしかかる。政治家はあまり遠くない将来に、国民が経済的にますます大変になることを肝に銘じるべきだ。

（注）昭和50年代の福田赳夫首相は財政の大家で、公債（国債）発行という「財政新時代」の幕を開いた。国家財政は、「不況の時には予算規模を拡大して経済を活性化する。好況の時は予算規模を小さくする」ことが必要だ。福田が危惧したのは、財政が放漫に流れることだった。そのためには国債の累積増をさける「歯止め」を明確にすることが必須だった。

今や日本は、１２００兆を超える巨額な国債を背負うことになった。これは歴代内閣が借り入れた累積金額だから岸田首相だけの責任ではない。だが岸田首相は、想定を超える予算を計上するに当たって、深く考えたり悩んだりする様子は見えない。小泉氏のように、歳出予算を「年間90兆円にとどめる」ような歯止めがなくなってしまったのだ。

３人の政治家に共通するのは、歴史感覚がまるでないことだ。歴史から何を学び、何を恐れ、敬意を抱くか考えたふしが見当たらない。

安倍氏は、選挙で「取り戻そう日本」と叫んだが、その日本は昭和初期の日本だった。

祖父岸信介の影響があったかも知れない。戦後の憲法はじめ民主主義の諸改革を清算し、戦前の日本を取り戻そうとしたのだ。一国の首相がこんな常識外れの考え方をするのに驚く。安倍氏はまた、歴史修正主義者だった。一般的に定まっている歴史事象について再解釈をした。国会で中国大陸の侵略について質問を受けた時、「侵略という定義は定まっていない」と答弁した。侵略したのは明らかなのに、侵略はなかったと強弁したのだ。

菅氏は、官房長官時代に翁長沖縄県知事が「沖縄の苦難の歴史を理解して欲しい」と求めたところ、「私は戦後生まれだから歴史を持ち出されても困りますよ」と発言したという。これでは話にならない。

岸田氏は、昭和の戦争が国債による軍事調達で財政が破綻状態となり、その結果戦後物価が急上昇して国民の生活が脅かされたことを知らない。（ハイパーインフレ）。

ちなみにアメリカの多くの大統領は、歴史の感覚を持っていた。

ある大統領は、主として人文学的な目的を持って、精神を豊かにするために歴史を研究した。別の大統領は、アメリカの歴史が誇るべきものとして、国民に愛国心を植えつけるために特別の敬意を払った。その例。南北戦争に勝利したリンカーンは「人民の人民による人民のための政治」という民主主義の原点に立つ演説をした。

ケネディ大統領（数年前に日本大使を務めたケネディ女史のご尊父）は、ソ連との核戦争の芽を潰したことで有名だが、歴史への言及が特別多かった。

その例。「エベレスト初登頂を目指した登山家マロリーは、登る理由としてそこにエベレストがあるからだと言った。私が人類初の有人月面着陸を目指すのは、そこに宇宙があるからだ」と演説した。


日本の政治家は歴史を知らな過ぎる。

私は今の国会議員でどれだけの人が、近現代史を勉強しているのか知りたい。


日本民族はアッケラカンとして、へんに楽天的なところがあると言われる。島国であるため他国の侵略を警戒する緊張感が乏しい。また地震・台風など天災地変が多い国だが、自分の所にはめったに来ないと健忘症になっているところもある。

だが政治について言えば、国民が健忘症では、議会制民主主義はけっして良くならない。政治家の悪を執念深く記憶して次の選挙に生かさなければ、政治家の質は向上しない。

議会政治が最もよく行われているのはイギリスだと思うが、イギリス人はおそろしく執念深い国民だと言われる。議会政治では、国民が主権者たる権利を行使するのは選挙の時だけだから、国民が健忘症になっては困るのだ。


2大政党制について考えてみる。

政治に緊張性を持たせるには、アメリカ、イギリス、フランスのように2大政党制が良いのではあるまいか。

日本には2大政党制は適応しない、現在の自民党のように一つの党が政治を担うのが一番良いという人が少なからずいるが私はそうは思わない。会社でもライバル会社があるから自社と真剣に向き合うではないか。

日本は自民党に代わり野党が、過去2度政権を握ったが長続きしなかった。経験不足だったからだ。

2大政党制になれば、政治家は発する言葉も慎重になり、重みのあるものになるだろう。法違反したり、スキャンダルを起こしたりすることも少なくなるに違いない。

いつの日にか日本に２大政党制が根づき、政治の世界も進歩することを願ってやまない。

最後に一言。本を書く作業は、孤独でパワーと忍耐が必要だ。そんな中で環境を整えてくれ、いろいろ支えてくれた妻には改めて感謝したい。

【著者紹介】

布施　隆一（ふせ　りゅういち）

1938年山形県生まれ。東北大学工学部卒業後日産自動車に入社。

自動車の開発・製造に従事。

定年扱いで退職後、明治座インテリア、三井海上安全技術センターに勤務。

機械技術者、安全の専門家、品質システム審査員。

著書『ハイテク開発の安全』（創造書房）、『製品安全から労働安全へ』（オーク出版サービス）、『また会う日まで』（喜怒哀楽書房）。

日本《にほん》の近代史《きんだいし》　他山《たざん》の石《いし》

2024年3月13日　第1刷発行

著　者 ― 布施《ふせ》　隆一《りゅういち》

発行者 ― 佐藤　聡

発行所 ― 株式会社 郁朋社《いくほうしゃ》

〒101-0061　東京都千代田区神田三崎町2-20-4
電　話　03（3234）8923（代表）
ＦＡＸ　03（3234）3948
振　替　00160-5-100328

印刷·製本 ― 日本ハイコム株式会社

装　丁 ― 宮田　麻希

郁朋社ホームページアドレス　http://www.ikuhousha.com
この本に関するご意見・ご感想をメールでお寄せいただく際は、
comment@ikuhousha.com　までお願い致します。

 Printed in Japan　ISBN978-4-87302-810-1 C0095